P. T. BARNUM

EL ARTE DE HACER DINERO

aubiblio

EL ARTE DE HACER DINERO

Texto de

P. T. Barnum

Traducción de

Dangello Medina

Edición y revisión de

Hernán León

ÍNDICE

EL
ARTE
DE HACER
DINERO

PRÓLOGO

En este mundo, ganar dinero no es difícil para las personas con buena salud. En este campo, comparativamente nuevo, hay muchas vías de éxito abiertas, muchas vocaciones que no están saturadas, que cualquier persona, de cualquier sexo, que esté dispuesta —al menos por el momento— a dedicarse a cualquier ocupación respetable, puede encontrar un empleo que le deje mucho dinero.

Aquellos que realmente desean ser independientes, solo deben proponérselo y adoptar los medios adecuados —como se hace con cualquier otro objetivo que se desea alcanzar— y esto se hace fácilmente. Pero, por muy fácil que sea ganar dinero, no tengo duda de que muchos de mis lectores estarán de acuerdo en que lo más difícil del mundo es mantenerlo. El camino a la riqueza consiste simplemente en gastar menos de lo que ganamos. Eso parece ser muy sencillo. Micawber, una de esas felices creaciones del genial Charles Dickens, pone el caso en evidencia cuando dice que «tener un ingreso anual de veinte libras por año, y gastar veinte libras y seis peniques, equivale a ser el más miserable de los hombres; mientras que, tener un ingreso de veinte libras y gastar solo diecinueve libras y seis peniques es ser el más feliz de los mortales». [Cabe mencionar que, en la fecha de publicación del presente libro, una libra de aquel entonces equivaldría a cien libras actuales].

Muchos de mis lectores pueden decir: «Por supuesto, se trata de ahorrar, y sabemos que ahorrar es riqueza; sabemos que no podemos comer nuestro pastel y conservarlo al mismo tiempo». Sin embargo, me atrevo a decir que quizá haya más casos de fracaso —que surgen por errores en este punto— que en casi cualquier otro. El hecho es que mucha gente cree que entiende qué es el ahorro cuando realmente no lo hace.

El verdadero ahorro está mal entendido. Uno dice: «Yo tengo un ingreso de tanto, y aquí está mi vecino que tiene lo mismo; sin embargo, cada año, él prospera, y yo me quedo corto; ¿por qué, si lo sé todo sobre ahorrar?». Cree que lo sabe, pero no es así. Hay hombres que piensan que ahorrar consiste en conservar los envases de tal o cual cosa; en recortar dos peniques de la paga de alguien que les ha hecho un servicio, y en hacer toda clase de cosas pequeñas, tacañas y sucias. El ahorro no es mezquindad. Y lo peor es que esta clase de personas hace que su ahorro sea unidireccional; es decir, creen que son eficientes en su economía al ahorrar medio penique cuando deberían gastar dos, y piensan que pueden despilfarrar en otras cosas. Hace algunos años, antes de que se descubriera el querosene, uno podía pasar la noche en casi cualquier granja de las zonas agrícolas y obtener una muy buena cena, pero después, si quisiese leer en la sala de estar, le sería casi imposible con la luz de una vela. La anfitriona, al ver su dilema, diría: «Es bastante difícil leer aquí por las noches; nunca tenemos una vela extra, a no ser que se trate de una ocasión excepcional».

Estas ocasiones ocurren, quizás, dos veces al año. De esta manera, la buena mujer ahorra cinco, seis o diez dólares en ese tiempo, pero la información que podría conseguirse mediante la lectura nocturna facilitada por unas velas adicionales, por supuesto, superaría con creces una tonelada de velas.

[Cabe mencionar que, en la fecha de publicación de este libro, un dólar de aquel entonces, equivaldría a treinta dólares de hoy en día].

Pero el problema no termina aquí. Al creer que es tan ahorrativa en las velas, piensa que puede permitirse el lujo de gastar veinte o treinta dólares en otras cosas, muchas de las cuales no son necesarias. Esta falsa connotación puede verse incluso en los hombres de negocios; tenemos buenos negociantes que guardan todos los sobres viejos y papel viejo, y por nada del mundo usarían una hoja nueva, si pudieran evitarlo. Todo esto está muy bien; puede que de esta manera ahorren cinco o diez dólares al año, pero al ser «tan ahorrativos» solo en cuanto al papel para notas, creen que pueden perder el tiempo, tener fiestas y carrozas caras. Estas son expresiones del Franklin: «Ahorrando en lo pequeño y desperdiciando en grande»; «sabio con los centavos, tonto con las libras».

Punch, al hablar de esta clase de «personas de una sola idea», dice que «son como el hombre que compró un arenque, a tan solo centavo, para la cena de su familia; pero pidió un costoso carruaje para llevarlo a casa». Nunca conocí a un hombre exitoso que tuviera este tipo de economía.

El verdadero ahorro consiste en hacer que los ingresos siempre superen a los gastos. Si es necesario, usar la ropa vieja un poco más; prescindir del nuevo par de guantes; arreglar el viejo vestido; o vivir con comida más sencilla; de modo que, en cualquier circunstancia —a menos que ocurra algún imprevisto—, habrá un margen a favor de los ingresos. Un centavo por aquí, un dólar por allá, se van acumulando, y de esta manera, se alcanza el resultado deseado. Tal vez se requiera un poco de entrenamiento para lograr este ahorro, pero una vez que te acostumbres, verás que hay más satisfacción en el ahorro racional que en el gasto irracional. Te recomiendo lo siguiente:

He descubierto que esto es un excelente remedio para el despilfarro. Cuando veas que no tienes ganancias al final del año y, sin embargo, tienes buenos ingresos, te aconsejo que tomes una libreta y anotes cada gasto. Anótalo cada día, o cada semana, en dos columnas, una titulada «Necesidades», y la otra titulada «Lujos». Descubrirás que la segunda columna será dos, tres, o diez veces mayor que la primera. Las verdaderas necesidades de la vida no cuestan más que una pequeña parte de lo que la mayoría de nosotros puede ganar. El señor Franklin dice que «son los ojos de los demás y no los nuestros los que nos arruinan. Si todo el mundo fuera ciego, excepto yo, no me importaría la ropa cara o los muebles finos». Es el miedo a lo que puedan decir los demás, lo que mantiene a muchas familias ocupadas en guardar las apariencias. En Estados Unidos, a muchas personas les gusta repetir «todos somos libres e iguales», pero eso es un gran error en más de un sentido.

Que nazcamos «libres e iguales» es una verdad gloriosa en un sentido, pero no todos nacemos igualmente ricos, y nunca lo seremos. Uno puede decir que «hay un hombre que tiene un ingreso de cincuenta mil dólares al año, mientras que yo no tengo más que mil dólares; conocí a ese sujeto cuando él era pobre como yo; ahora es rico y se cree mejor que yo; le demostraré que soy tan bueno como él; iré a comprar un caballo y un carruaje... No... No puedo hacerlo, pero alquilaré uno, y montaré esta tarde en el mismo camino que él, ¡ya verá!».

Amigo mío, no es necesario que te tomes esa molestia; puedes demostrar fácilmente que eres «tan bueno como él». Solo tienes que trabajar mucho, pero no podrás convencer a nadie de que eres tan rico como él. Además, si te das esos «aires», perderás tiempo y dinero, y tu pobre esposa se verá obligada a hacer sacrificios, como reducir gastos, incluso en lo necesario, para que puedas mantener las «apariencias»; y, al fin y al cabo, no engañarás a nadie.

Otro ejemplo: la señora X vio que su vecina se casó con fulano, pero solo por su dinero, y que «todo el mundo habla de ello». Además, dicha vecina ahora tiene un bonito chal de piel de camello de mil dólares, entonces, la señora X se conseguirá uno de imitación, y, en la iglesia, se sentará en un banco, justo al lado de su vecina para demostrar que es su igual.

Mi buena mujer, no prosperarás si tu vanidad y envidia te dominan así. En este país —donde creemos que la mayoría debe gobernar— ignoramos ese principio en cuanto a la moda, y dejamos que un puñado de personas, que se llaman a sí mismas «la aristocracia», establezcan un falso estándar de perfección, y en el esfuerzo por elevarnos a ese estándar, nos quedaremos pobres, en aras de las apariencias. Es mucho más sabio tener una «ley para nosotros mismos» y decir: «regularemos nuestros gastos según nuestros ingresos, y guardaremos algo para un día de escasez». La gente debería ser tan sensata a la hora de ganar dinero como en cualquier otra cuestión. Causas similares producen efectos similares; no se puede hacer una fortuna si se toma el camino que lleva a la pobreza. No hace falta que ningún profeta nos diga que las personas que viven sin pensar en que podría haber un infortunio en esta vida, jamás podrán alcanzar una independencia monetaria.

La gente acostumbrada a satisfacer todos sus caprichos, encontrará difícil reducir sus gastos innecesarios, y sentirán que es un gran acto de abnegación vivir en una casa más pequeña de lo que han estado acostumbradas, con muebles y ropa menos costosos, menos compañía, menos o ningún sirviente, un menor número de fiestas, salidas al teatro, paseos en carruaje, viajes de placer, fumar cigarros, beber licor y otros lujos; pero, después de todo, si prueban el plan de hacer inversiones con una pequeña suma de dinero, se sorprenderán del placer que se deriva de robustecer su pequeño «patrimonio», así como de todos los hábitos de una buena economía.

La ropa vieja se puede usar un tiempo más; el agua de manantial sabe mejor que el champán; un baño frío y un paseo enérgico resultarán más estimulantes que un viaje en el carruaje más elegante; una conversación, una velada de lectura, o una hora de juegos de mesa, serán mucho más agradables que una fiesta de cincuenta o quinientos dólares, cuando nos demos cuenta de las cifras que se habrán ahorrado. Miles de hombres se mantienen en la pobreza, y decenas de miles se vuelven pobres después de haber adquirido lo suficiente para vivir bien, como consecuencia de haberse dado muchos lujos. Algunas familias gastan veinte mil dólares al año —algunas mucho más— y apenas sabrían cómo vivir con menos, mientras que otras se aseguran un disfrute más sólido, frecuentemente, con una vigésima parte de esa cantidad. La prosperidad puede ser una prueba más grande que la adversidad (especialmente la prosperidad repentina). El viejo refrán, «lo que fácil viene, fácil se va», tiene mucha verdad. Cuando se le permite tener pleno dominio al espíritu de orgullo y vanidad, se convierte en el gusano que roe las entrañas mismas de las posesiones mundanas de un hombre, ya sean pequeñas o grandes, cientos o millones.

Cuando comienzan a prosperar, muchas personas se dan libertades excesivas, y comienzan a gastar en lujos, hasta que, en poco tiempo, sus gastos se tragan sus ingresos, y se arruinan en sus ridículos intentos de aparentar y tratar de ser las más distinguidas.

Conozco a un caballero de gran fortuna que dijo que, cuando empezó a prosperar, su mujer tenía un sofá nuevo y elegante, que le había costado treinta mil dólares.

Cuando el sofá llegó a la casa, se vio en la necesidad de conseguir sillas que hicieran juego, así como aparadores, alfombras y mesas. Y así sucesivamente, con todos los muebles; cuando se dio cuenta de que la propia casa era demasiado pequeña y anticuada para los muebles, se construyó una nueva para corresponder con dichas adquisiciones. Y mi amigo dijo:

—De este modo, al gasto de treinta mil dólares, causado por ese único sofá, se sumó el gasto en contratar servidumbre, comprar equipaje y mantener un buen «establecimiento». Esto sumó un gasto anual de once mil dólares; mientras que, hace diez años, vivíamos con mucha más comodidad, había menos cosas que mantener y pagar. La verdad es que ese sofá me habría llevado a la bancarrota, si mi prosperidad no me hubiera protegido de ella, y si no hubiera «cortado por lo sano».

La base del éxito en la vida, de la felicidad, y de la fortuna, es la buena salud. Una persona no puede hacer una fortuna tan fácilmente, cuando está enferma. No tiene apetito, ni fuerzas. Por supuesto, hay quienes tienen mala salud y no pueden evitarlo; no se puede esperar que tales personas puedan hacer una fortuna, pero hay una gran cantidad de personas con mala salud que deberían estar sanas.

Si la salud es la base del éxito y de la felicidad en la vida, ¡qué importante es que estudiemos las leyes de la salud, que, dicho sea de paso, son otra expresión de las leyes de la naturaleza! Cuanto más nos ceñimos a las leyes de la naturaleza, más cerca estaremos de la buena salud, y, sin embargo, cuántas personas hay que no prestan atención a las leyes naturales, sino que las transgreden, incluso en contra de su propia inclinación natural. Debemos saber que el «pecado de la ignorancia» nunca es pasado por alto en lo que respecta a la violación de las leyes de la naturaleza; su infracción siempre conlleva un castigo. Un niño puede meter el dedo en las llamas sin saber que se va a quemar, y de esta manera sufre. Muchos de nuestros antepasados sabían muy poco sobre el principio de la ventilación. No sabían sobre el oxígeno y, en consecuencia, construyeron sus casas con pequeñas habitaciones de siete por nueve pies; y estos buenos y piadosos puritanos se encerraban en estas celdas, decían sus oraciones y se iban a la cama. Por la mañana, agradecían devotamente la «preservación de sus vidas» durante la noche, y lo hacían con toda razón. Probablemente, alguna gran grieta en la ventana, o en la puerta, dejaba entrar un poco de aire fresco, y así se salvaban.

Muchas personas violan a sabiendas las leyes de la naturaleza, y lo hacen por moda, aún yendo en contra de su sentido común. Por ejemplo, hay una cosa que ningún ser vivo, excepto un vil gusano, ha amado de forma natural, hablo del tabaco; sin embargo, cuántas personas hay que, deliberadamente, cultivan ese apetito antinatural, a tal punto que llegan a amarlo. Se han apoderado de una hierba venenosa y asquerosa, o más bien, ella se ha apoderado de ellos. Hay hombres casados que van por ahí, escupiendo residuos de tabaco en la alfombra y en el suelo, e incluso sobre sus esposas. No echarán a sus esposas a patadas como los borrachos, pero ellas —no me cabe duda—, a menudo, desearían estar fuera de la casa. Otro rasgo peligroso de este apetito es que «crece a partir de lo que se alimenta»; cuando se ama lo que no es natural, se crea un apetito más fuerte por lo perjudicial que por lo que es inofensivo. Hay un viejo refrán que dice que «el hábito es la segunda naturaleza», pero un hábito artificial es más fuerte que la naturaleza. Por ejemplo, un viejo masticador de tabaco; su gusto por la hierba es más fuerte que su gusto por la comida, por más deliciosa que sea; por ende, es capaz de renunciar a un filete a cambio de un poco de hierba.

Los jóvenes lamentan no ser hombres; les gustaría acostarse como niños y levantarse como hombres; y para conseguirlo, copian los malos hábitos de sus mayores. Juanito y Pedrito ven a sus padres o a sus tíos fumar pipa, y dicen: «Si pudiéramos hacer eso, también seriamos hombres; nuestro tío ha salido, y ha dejado su pipa de tabaco, vamos a probarla». Pedrito coge un fósforo, enciende la pipa, y echa una calada. «Vamos a aprender a fumar. ¿Te gusta, Juan?». El muchacho responde con tristeza: «No mucho; tiene un sabor amargo». Poco a poco, se va poniendo pálido, pero persiste, y cede a la moda. Los chicos se aferran a ello, hasta que por fin vencen su naturaleza y se convierten en víctimas de los gustos adquiridos.

Hablo de manera testimonial, porque he notado sus nocivos efectos en mí mismo; yo llegué a fumar diez o quince cigarrillos al día; pero no lo hecho durante los últimos catorce años, y nunca más lo haré. Cuanto más fuma un hombre, más ansía fumar; el último cigarro fumado alimenta el deseo de otro, y así sucesivamente.

Por ejemplo, un masticador de tabaco que cuando se levanta por la mañana, se mete un puñado en la boca y lo mantiene todo el día, sin sacarlo nunca, excepto para cambiarlo por otro nuevo, o cuando va a comer. Esto simplemente demuestra que el vicio es demasiado fuerte. Cuando el masticador de tabaco va a tu casa de campo y le enseñas tu viñedo y las bellezas de tu jardín; cuando le ofreces fruta fresca y madura, y le dices: «Amigo mío, tengo muchas delicias; las he importado de España, Francia e Italia; fíjate en esas uvas; no hay nada más sabroso ni más sano que la fruta madura, así que sírvete»; él relamerá su querida hierba y responderá: «No, gracias, tengo tabaco en la boca». Su paladar se ha narcotizado con la hierba nociva, y ha perdido, en gran medida, el delicado gusto por las frutas. Esto deja expuestos a los hábitos costosos, inútiles y perjudiciales que adquieren los hombres. Hablo por experiencia, pues he fumado hasta llegar a temblar, la sangre se me ha subido a la cabeza y he tenido palpitaciones que creía que eran una enfermedad cardiaca, que casi me matan del susto. Cuando consulté a mi médico, me dijo: «deja de consumir tabaco». No solo afectaba mi salud, no solo gastaba mucho dinero, sino que estaba dando un mal ejemplo a los jóvenes; entonces, obedecí su consejo.

Estas observaciones se aplican con más fuerza al consumo de alcohol. Para ganar dinero, se necesita una mente clara. Hay que tener sentido común; debemos establecer todos nuestros planes con reflexión y previsión, y examinar de cerca todos los detalles y pormenores de los negocios. Así, como ningún hombre puede tener éxito en los negocios a menos que tenga un cerebro que le permita trazar sus planes, así también —por más que un hombre sea muy inteligente— si el cerebro está afectado y su juicio deformado por la ebriedad, es imposible que lleve a cabo los negocios con éxito. ¡Cuántas buenas oportunidades han pasado, para nunca volver, mientras un hombre bebía con su amigo!

Cuántos negocios insensatos se han hecho bajo la influencia del alcohol, que puede engañar a su víctima y hacerle creer que es rica. Cuántas oportunidades se han dejado para mañana, y luego para siempre, porque la copa de vino dejó al cuerpo sin energía para trabajar. En verdad, «arrogante es el vino» (Proverbios 20: 1). El uso de las bebidas embriagantes es un deseo irracional, tal y como lo es el fumar opio. Ambos son igual de destructivos para el éxito en los negocios. Es un mal injustificable, totalmente indefendible a la luz de la filosofía, la religión o el sentido común. Es el padre de casi todos los demás males de nuestro mundo.

NO CONFUNDAS TU VOCACIÓN

El plan más seguro y de mayor éxito para el joven que se inicia en la vida, es elegir la vocación que esté más cerca de sus gustos. A menudo, los padres y los tutores son demasiado negligentes con respecto a esto. Es muy común que un padre diga, por ejemplo: «Tengo cinco hijos. Haré de Benito un clérigo; de Juan un abogado; de Tomás un médico, y de Ricardo un granjero». Entonces, va a la ciudad y mira a su alrededor para ver qué va a hacer con Samuel. Vuelve a casa y dice: «Samuelito, veo que la relojería es un buen negocio; trabajarás en ello». Lo hace, sin tener en cuenta las inclinaciones o aptitudes naturales del muchacho.

Todos hemos nacido, sin duda, para un propósito. Nuestros cerebros son tan diversos como nuestros rostros. Algunos nacen mecánicos por naturaleza, mientras que otros le tienen una gran aversión a la maquinaria. Reúnan a una docena de niños de diez años, y pronto observarán que dos o tres están «armando» algún dispositivo ingenioso, con lo que tengan a la mano. Seguramente, desde muy pequeños, sus padres no pudieron encontrar ningún juego que les gustara tanto como un rompecabezas.

Son mecánicos por naturaleza; pero los otros nueve o diez chicos tienen aptitudes diferentes. Yo pertenezco a esa última clase. Nunca tuve gusto por la mecánica. Al contrario, le tengo una especie de aborrecimiento. Nunca tuve el ingenio suficiente para arreglar la gotera de un grifo. Nunca pude hacer una pluma funcional, ni entender el principio de una máquina a vapor. Si un hombre tomara a un muchacho parecido a mí, e intentara convertirlo en relojero, el jovencito podría, después de un aprendizaje de cinco o siete años, ser capaz de desarmar y armar un reloj. Sin embargo, durante toda su vida trabajaría agobiado, y aprovecharía cualquier excusa para perder el tiempo. La relojería terminaría resultándole repulsiva.

A menos que un hombre se dedique a la vocación prevista por su naturaleza, y que se adapte a sus aptitudes, no podrá tener éxito. Me pone feliz creer que la mayoría de las personas encuentran su vocación correcta. Sin embargo, vemos a muchos que se han equivocado, desde herreros hasta clérigos. Por ejemplo, un extraordinario hombre conocido como el «herrero erudito», que debería haber sido profesor de idiomas; así como abogados, que eran más aptos para el yunque o la piedra.

ELIGE EL LUGAR APROPIADO

Después de conseguir la vocación adecuada, debes tener cuidado de elegir el lugar apropiado. Puede que estés hecho para ser el propietario de un hotel, pero dicen que se necesita de un «algo» para mantener uno. Podrías dirigir un hotel con la precisión de un reloj suizo y atender satisfactoriamente a quinientos huéspedes cada día; sin embargo, si ubicaras tu establecimiento en un pequeño pueblo donde no hay comunicación ni transporte público interregional, sería cuestión de tiempo para quebrar. Es igualmente importante que no se inicie el negocio donde ya hay lo suficiente para satisfacer todas las demandas en el rubro. Recuerdo un caso que ilustra este tema. Hace unos años, cuando estuve en Londres, pasaba por Holborn con un amigo inglés y pasamos por la feria. Tenían letreros inmensos con dibujos que retrataban las maravillosas curiosidades que se podían ver «por solo un penique». Ya que me llamó la atención, propuse entrar. Pronto nos encontramos ante un ilustre showman, quien demostró ser el hombre más ingenioso en su campo que jamás había conocido. Nos contó algunas historias extraordinarias en referencia a sus damas barbudas, sus albinos y demás personajes, que apenas pudimos creer. Finalmente, nos llamó la atención algunas estatuas de cera, pero nos mostró un montón de las figuras de cera más sucias y asquerosas que se puedan imaginar.

—¿Qué hay de maravilloso en esto? —pregunté.

—Le ruego que no hable así —replicó—. Señor, estas no son las figuras de cera de Madame Tussaud, que, si bien son magníficas, están basadas en fotografías o grabados. En cambio, las mías fueron hechas con la persona en cuestión; cada vez que vea una de esas figuras, debe estar seguro que está ante la verdadera.

Noté a uno que tenía la etiqueta de «Enrique VIII», y ya que se parecía a Calvin Edson, el esqueleto viviente, dije:

—¿Llamas a eso «Enrique VIII»?

Respondió:

—Ciertamente, señor: fue hecho en Hampton Court, por orden especial de su majestad, en tal día...

Él me habría dado la hora del día pero interrumpí y le dije:

—Todo el mundo sabe que Enrique VIII era un rey muy corpulento, y esa figura es delgada. ¿Cómo justifica usted eso?

—Pues usted también estaría delgado y flaco si se quedara ahí tanto tiempo como mi figura —respondió.

Tenía una respuesta para todo. Le dije a mi amigo:

—Salgamos; no le digas quién soy.

Nos siguió hasta la puerta y, al ver al gentío en la calle, gritó: «Señores, les ruego que presten atención a mis respetables visitantes», mientras nos alejábamos. Un par de días después contacté con él, le conté quién era, y le dije:

—Amigo mío, usted es un excelente showman, pero ha elegido una mala ubicación.

Respondió:

—Es cierto, señor. Siento que todos mis talentos están desperdiciados; pero ¿qué puedo hacer?

—Puede ir a América —le contesté—. Allí podrá dar rienda suelta a su ingenio. Lo contrataré dos años y después podrá ser independiente.

Aceptó mi oferta y, en efecto, estuvo dos años en mi museo de Nueva York. Luego, se fue a Nueva Orleans y llevó a cabo un espectáculo itinerante durante el verano. Hoy en día, su patrimonio es de sesenta mil dólares, simplemente porque eligió la vocación y la ubicación correcta.

El viejo refrán dice: «Tres mudanzas son tan malas como un incendio», pero cuando un hombre está en medio del fuego, debe salir de inmediato.

EVITA LA DEUDA

Los jóvenes que se inician en la vida deben evitar endeudarse. No hay casi nada que arrastre al hoyo a una persona como las deudas. Es una posición esclavizante, y, sin embargo, encontramos a muchos adultos jóvenes que ya asumieron deudas. Un muchacho se encuentra con un amigo y le dice: «Mira esto: he conseguido dinero para un traje nuevo». Cree que la ropa es algo que ha conseguido muy fácilmente; bien, es posible que sea así. No obstante, si logra pagar y luego vuelve a pedir préstamos, está adoptando un hábito que lo mantendrá en la pobreza durante toda la vida. Las deudas roban la autoestima, y pueden hacer que uno llegue al autodesprecio. Gruñendo, gimiendo y trabajando por cosas que ya ha consumido o desgastado, y cuando se le pide que pague, no tiene nada significativo a cambio del dinero que entregó; esto se denomina como «trabajar por un caballo muerto».

No hablo de los comerciantes que compran y venden a crédito, o de los que compran a crédito para convertir la compra en un rédito. El viejo cuáquero le dijo a su hijo agricultor: «Juan, nunca pidas fiado; pero si te fían, que sea para el "abono", porque eso te ayudará a devolverlo».

Beecher aconseja a los jóvenes que se endeuden, si pueden, por una pequeña cantidad en la compra de tierras, en los distritos rurales: «Si un joven solamente se endeuda por alguna tierra y luego se casa, estas dos cosas lo mantendrán derecho, o sino nada lo hará». Esto puede ser verdad hasta cierto punto, pero endeudarse por comida, bebida y vestimenta debe evitarse. Algunas familias tienen la mala costumbre de obtener crédito en las tiendas departamentales, y así compran muchas cosas innecesarias.

Además, hay que recordar que no hay ninguna clase de gente en el mundo que tenga tan buena memoria como los acreedores. Cuando el plazo se agote, tendrás que pagar. Si no pagas, romperás tu promesa, y probablemente recurrirás a una excusa barata o te endeudarás con otro para pagar tu deuda anterior, pero eso solo te dejará peor parado.

Horacio era un joven apuesto, pero un aprendiz perezoso. Una vez, su patrón le dijo:

—Horacio, ¿has visto alguna vez un caracol?

—Creo que sí —dijo.

—Debe ser así, porque estoy seguro de que nunca has sobrepasado a uno —dijo el jefe—. Tu acreedor se encontrará contigo y te dirá: «Ahora, mi joven amigo, acordaste pagarme; y no lo has hecho, debes compensármelo». Darás un pagaré con intereses y eso jugará en tu contra; es un «caballo muerto».

El acreedor se acuesta por la noche, y se despierta complacido por la mañana, porque su interés ha aumentado durante la noche, mientras que tú te empobreces mientras duermes.

El dinero es, en algunos aspectos, como el fuego: es un excelente sirviente, pero un terrible amo. Cuando te domina, cuando los intereses se acumulan contra ti, te mantendrá en la peor clase de esclavitud. En cambio, si dejas que el dinero trabaje para ti, tendrás el sirviente más devoto del mundo. No hay nada animado o inanimado que trabaje con tanta fidelidad como el dinero, cuando se coloca a interés, bien asegurado; lo hace de noche y de día, y en tiempo húmedo o seco.

Yo nací en Connecticut, donde los viejos puritanos tenían leyes tan estrictas que se decía que multaban a un hombre «por besar a su mujer en los domingos». Sin embargo, estos viejos puritanos eran ricos; tenían miles de dólares a interés, y el sábado por la noche incrementaban su valor; el domingo iban a la iglesia y cumplían con todos los deberes de un cristiano. Al despertar el lunes por la mañana, eran más ricos que la noche del sábado anterior, solo porque su dinero estaba colocado a interés, de acuerdo con la ley.

No dejes que el dinero te perjudique. Si lo haces, no tendrás ninguna posibilidad de éxito en la vida en cuanto a lo monetario. John Randolph, el excéntrico virginiano, exclamó una vez en el congreso: «Sr. presidente, he descubierto la piedra filosofal: «paga a medida que avances». En efecto, eso está más cerca de la piedra filosofal de lo que ningún alquimista ha llegado nunca.

PERSEVERA

Cuando un hombre está en el camino correcto, debe perseverar. Hablo de esto porque hay algunas personas que «nacen cansadas», son perezosas, casi por naturaleza, y que no poseen autoconfianza ni perseverancia. Pero, pueden cultivar estas cualidades, como dijo Davy Crockett:

«Recuerda esto cuando sientas que no puedes más. Asegúrate de que estás en el rumbo adecuado, y luego sigue adelante».

Esta voluntad, esta determinación de no dejar que los «miedos» o la «melancolía» se apoderen de ti, es lo que debes cultivar para ser independiente. Cuántos han estado a punto de alcanzar sus metas, pero, al perder la fe en sí mismos, descuidaron sus energías y el premio terminó por perderse. Shakespeare dijo una gran verdad: «En los asuntos humanos hay mareas durante la creciente, y nos conducen a la prosperidad».

Si dudas, alguna mano más audaz se extenderá ante ti y obtendrá el premio. Recuerda el proverbio de Salomón: «La mano perezosa atrae la pobreza; la mano diligente se enriquece» (Proverbios 10: 4).

La perseverancia a veces no es más que otra palabra para la confianza en uno mismo. Muchas personas miran el lado oscuro de la vida, y se prestan a los problemas. Han nacido así, y serán llevados por un viento y luego por otro, sin confiar en sí mismos.

Si no confías en ti mismo, no esperes tener éxito. He conocido a hombres que se encontraron con reveses monetarios, y se suicidaron porque pensaron que nunca podrían superar su desgracia. Pero también he conocido a otros que se han visto con dificultades financieras más serias, y las han superado por ser perseverantes, por tener la creencia de que estaban haciendo lo correcto, y que la Providencia «vencería el mal con el bien». Tú podrás comprobarlo en cualquier esfera de la vida.

Toma a dos generales. Ambos entienden de tácticas militares, ambos fueron educados en West Point y, es más, ambos son aptos para su misión. Sin embargo, uno tiene el principio de la perseverancia y el otro no.

El primero tendrá éxito en su profesión, mientras que el segundo fracasará. Uno puede oír el grito: «¡El enemigo se acerca con cañones!».

—¿Tienes cañones? —pregunta el general inseguro.

—Sí.

—Entonces detengan a todos los hombres.

Quiere tiempo para reflexionar. Su titubeo es su ruina, pues el enemigo le pasará por encima. Mientras que el general valiente, perseverante y con confianza en sí mismo, va al encuentro con toda su fuerza de voluntad, y, en medio del choque de armas, el estruendo de los cañones, los gritos de los heridos y los gemidos de los moribundos, verás a este hombre que avanza y arrasa con todo lo que esté en su camino, con una determinación inquebrantable, inspirando a sus soldados para que ellos también demuestren actos de fortaleza, valor y triunfo.

HAGAS LO QUE HAGAS, HAZLO CON TODAS TUS FUERZAS

Trabaja en ello, si es necesario, día y noche, en el horario y fuera de él, sin dejar una piedra sin remover, sin dejar nada para mañana. El viejo refrán, «todo lo que vale la pena hacer, vale la pena hacerlo bien», está lleno de verdad. Muchos hombres se enriquecen por dedicarse a fondo en su negocio, mientras que su vecino permanece pobre de por vida, porque solo lo hace a medias. El anhelo, la energía, la laboriosidad y la perseverancia son requisitos indispensables para el éxito en los negocios.

La fortuna siempre favorece a los valientes, y nunca ayuda a un hombre que no se ayuda a sí mismo. No sirve pasar el tiempo como Micawber, aquel personaje de David Copperfield, esperando que algo «aparezca» o «surja». A esos hombres les suele «aparecer» una de dos cosas: el asilo o la cárcel; porque la pereza engendra malos hábitos y viste al hombre con harapos. Por ejemplo, el pobre vagabundo y derrochador le dice a un hombre rico:

—He descubierto que hay suficiente dinero en el mundo para todos nosotros, si se repartiera por igual. Hay que hacerlo, y seremos felices.

—Pero, si todo el mundo fuera como tú, se

gastaría ese dinero en dos meses. ¿Qué sucedería entonces? —fue la respuesta.

—¡Dividir de nuevo! Luego, claro, seguir dividiendo —replicó.

Hace poco leí, en un periódico londinense, el relato de un mendigo al que echaron de una pensión barata porque no podía pagar el alquiler. Este mendigo tenía un montón de papeles que sobresalían de su bolsillo y que, al examinarlos, resultó ser su plan para pagar la deuda nacional de Inglaterra, sin la necesidad de gastar un centavo. La gente tiene que hacer como dijo Cromwell: «No solo confiar en la Providencia, sino mantener la pólvora seca». Haz tu parte o no podrás tener éxito.

Mahoma, una noche, mientras acampaba en el desierto, escuchó a uno de sus fatigados seguidores comentar: «¡Soltaré mi camello y lo confiaré a Dios!». «No, así no debe ser», dijo el profeta. «Mejor, ata tu camello y confíalo a Dios». Hagan todo lo que puedan por ustedes mismos, y luego confíen en la Providencia, o en la fortuna, o como quieran llamarla.

Debes depender de tus esfuerzos personales.

El ojo del empleador suele valer más que las manos de una docena de empleados. En la naturaleza de las cosas, un trabajador no puede ser tan fiel a su empleador como a sí mismo. Ningún hombre tiene derecho a esperar el éxito en la vida a menos que entienda su negocio, y nadie puede entender su negocio a fondo a menos que lo aprenda por esfuerzo, compromiso y experiencia personal. Por ejemplo, un hombre que quiere ser un fabricante y tiene que aprender muchos detalles acerca de su negocio, se dará cuenta de que cometerá errores, casi todos los días. Y dichos errores le servirán de experiencia si los tiene en cuenta. Será como el vendedor de latas que, al haber sido engañado en la compra de su mercancía, dijo: «Está bien, hay un poco de información que se gana cada día; nunca más volveré a ser engañado de esa manera». Así es como un hombre adquiere su experiencia.

Sostengo que todo hombre debe, como Cuvier, el naturalista francés, conocer a fondo su oficio. Era tan experto en el estudio de la historia natural que podía identificar un animal con solo ver un hueso que le perteneciera, o incluso, con nada más que un fragmento de hueso. En una ocasión, sus alumnos intentaron engañarle; disfrazaron a uno de ellos con una piel de vaca, y lo pusieron bajo la mesa como un nuevo espécimen. Cuando el profesor entró en la sala, algunos de los alumnos le preguntaron qué era. De repente, el «animal» dijo: «Soy el diablo y los voy a comer». Era natural que Cuvier deseara clasificar a esta criatura, y examinándola atentamente, dijo:

—Pezuña partida... ¡Es un herbívoro! No se preocupen.

Sabía que un animal con la pezuña partida debía vivir de hierba y grano, o de otro tipo de vegetación, y no comería carne, viva o muerta. Un perfecto conocimiento de tu negocio es una necesidad absoluta para asegurar el éxito.

Entre las máximas del anciano Rothschild había una, aparentemente paradójica: «Sé cauto y audaz». Esto parece una contradicción de términos, pero no lo es. En esta máxima hay una gran sabiduría. De hecho, es una condensación de lo que ya he dicho: «Debes ser cauto al trazar tus planes, pero ser audaz al llevarlos a cabo». Un hombre demasiado cauteloso nunca se atreverá a tomar las riendas y tener éxito; y un hombre demasiado atrevido es, por lo normal, un imprudente, y eventualmente fracasará. Un hombre puede ir y ganar cincuenta o cien mil dólares en el mercado de acciones, con solo una sola operación. Pero si solo tiene simple audacia sin precaución, es simple azar y lo que gana hoy lo perderá mañana. Debes tener tanto la precaución como la audacia, para asegurar el éxito.

Los Rothschild tienen otra máxima: «Nunca tengas nada que ver con un hombre o lugar con mala suerte». Es decir, nunca tengas nada que ver con un hombre o lugar que nunca tenga éxito, porque, aunque un hombre pueda ser honesto e inteligente, si intenta tal o cual cosa y siempre fracasa, es a causa de alguna falencia o enfermedad que quizá no puedas identificar pero que, sin embargo, debe existir.

La suerte infinita no existe en el mundo. Nunca hubo un hombre que saliera por la mañana y encontrara un bolso lleno de oro en la calle, y otro al día siguiente, y así sucesivamente. Puede ser que lo haga una vez en su vida, pero en lo que respecta a la mera suerte, está tan proclive a tenerla como a perderla. «Causas semejantes producen efectos semejantes». Si un hombre adopta los métodos adecuados para tener éxito, la «suerte» no se lo impedirá. Si no tiene éxito, hay razones para ello, aunque no pueda verlas.

UTILIZA LAS MEJORES HERRAMIENTAS

A la hora de contratar empleados, los hombres deben tener cuidado de conseguir lo mejor. Entiendan que no pueden tener demasiados buenos recursos para trabajar, y no hay recursos que deban ser tan excepcionales como los recursos humanos.

Si consigues unos buenos, es mejor mantenerlos a seguir cambiándolos. El buen empleado aprende algo cada día y tú te beneficias de la experiencia que adquiere. Vale más para ti con cada año que pasa, y jamás te debes desprender de él, siempre que sus hábitos sean buenos y siga siendo fiel. Si, a medida que se vuelve más valioso, exige un aumento exorbitante de salario, déjalo ir (a menos que no puedas prescindir de él). Siempre que tengo un empleado así, lo despido. De esa manera, le hago saber que su puesto puede ser cubierto por alguien más y que no es imprescindible.

Pero si es posible, lo mantendría para aprovechar los frutos de su experiencia. Un elemento importante en un empleado es el cerebro. Se pueden ver letreros que dicen: «se busca mano de obra», pero esas «manos» no valen mucho sin las «cabezas». Beecher lo ejemplifica así:

Un empleado ofrece sus servicios y dice: «tengo un par de manos y uno de mis dedos piensa». «Eso está muy bien», dice el empresario. Llega otro hombre y dice: «tengo dos dedos que piensan». «¡Ah! Eso es mejor», dice el empresario. Pero llega un tercero y dice que «todos sus dedos piensan», y eso es aún mejor. Finalmente, otro interviene y dice: «Tengo un cerebro que piensa. Pienso en todo, y soy un hombre que piensa además de trabajar». «Usted es el hombre que busco», dice el empresario con mucho agrado.

Los hombres que tienen cerebro y experiencia son los más valiosos y no hay que desprenderse de ellos. Es mejor para ellos —y para ti— mantenerlos con aumentos salariales razonables, de vez en cuando.

NO TE PONGAS POR ENCIMA DE TU NEGOCIO

Los jóvenes, una vez que han terminado su formación, en lugar de seguir su vocación y ascender en su negocio o rubro, a menudo se quedan sin hacer nada. Dicen: «He aprendido mi negocio, pero no voy a ser un asalariado. ¿Cuál es el objetivo de aprender mi oficio o profesión, a menos que me establezca?».

—¿Tienes capital para empezar?

—No, pero lo voy a tener.

—¿Cómo vas a conseguirlo?

—Te lo diré confidencialmente; tengo una tía que es rica pero anciana, y morirá muy pronto; aunque si no lo hace, espero encontrar algún viejo que me preste unos cuantos miles para empezar. Si lo consigo, me irá bien.

No hay error más grande como cuando un joven cree que tendrá éxito con dinero prestado. ¿Por qué? Porque la experiencia de todo hombre coincide con la de John Jacob Astor IV, quien dijo que «le fue más difícil acumular sus primeros mil dólares, que todos los millones que llegaron después». El dinero no sirve para nada si no se conoce su valor a través de la experiencia de ganárselo. Dale a un muchacho veinte mil dólares y ponlo a hacer negocios, y lo más probable es que pierda todo antes de cumplir un año. Es como comprar un billete en la lotería y sacar un premio: lo que «fácil viene, fácil se va». Nada vale la pena, si no cuesta su esfuerzo. Si se comienza con un capital que no se ha ganado, y si no se tiene abnegación, ahorro, y perseverancia, no es seguro que se logre hacerlo crecer. Los jóvenes, en lugar de esperar a que les den su herencia, deberían ponerse en marcha. Nueve de cada diez de los hombres ricos de nuestro país hoy en día, comenzaron su vida como niños pobres, pero tenían fuerza de voluntad, laboriosidad, perseverancia, sentido del ahorro y buenas costumbres. Crecieron poco a poco, hicieron su propio dinero y lo ahorraron; y esta es la mejor manera de adquirir una fortuna. Stephen Girard comenzó su vida como un pobre grumete y murió con nueve millones de dólares. A. T. Stewart fue un pobre muchacho irlandés, y llegó a tener ingresos de un millón y medio de dólares por año. John Jacob Astor IV fue un pobre granjero y murió con veinte millones de dólares. Cornelius Vanderbilt comenzó su vida remando un bote desde Staten Island hasta Nueva York; luego le regalaría a nuestro gobierno un barco de vapor que valía un millón de dólares, y murió con cincuenta millones. «No hay atajos ni camino fácil a la hora de aprender», dice el refrán, y puedo decir que es igualmente cierto que «no hay atajos ni camino fácil hacia la riqueza». Pero creo que hay un camino simple para ambos. El camino del aprendizaje es un camino sencillo, que permite al estudiante expandir su intelecto y aumentar su conocimiento, hasta que, en el agradable proceso de crecimiento intelectual, es capaz de resolver los problemas más profundos, contar las estrellas, y analizar cada átomo del globo. Este es el único camino que vale la pena recorrer.

Lo mismo ocurre con la riqueza. Avanza con confianza, estudia las reglas y, sobre todo, estudia la naturaleza humana. Ya que debemos estudiarnos a nosotros mismos, descubrirás que —a la vez que mejoras el intelecto y los músculos— tu experiencia más enriquecida te permitirá acumular más capital cada día, hasta que llegues a un estado de independencia. Encontrarás, como algo no inusual, que los niños pobres se hacen ricos, y los niños ricos se hacen pobres. Por ejemplo, un hombre rico, al fallecer, deja un gran patrimonio a su familia. Sus hijos mayores —que le han ayudado a ganar su fortuna— conocen por experiencia el valor del dinero; toman su herencia y la hacen crecer. Las porciones separadas de los hijos menores se colocan a interés, y a los pequeños se les da una palmadita en la espalda, y se les dice una docena de veces al día: «eres rico; nunca tendrás que trabajar, siempre podrás tener lo que desees, porque has nacido en cuna de oro». El joven heredero no tarda en descubrir lo que eso significa: tiene los mejores vestidos y juguetes, se llena de manjares y recibe muchos elogios donde quiera que vaya. Se vuelve arrogante y engreído, le falta el respeto a sus profesores y mira todo con altivez. No sabe el valor real del dinero, ya que nunca lo ha ganado; pero sabe todo sobre haber nacido en «cuna de oro». En la universidad, invita a sus compañeros de estudios a su habitación, donde los «agasaja».

Se baña en halagos por no escatimar en el gasto del dinero. Lleva a cabo cenas suntuosas, tiene caballos de carrera y, decidido a pasar muchos «buenos ratos», celebra muchas fiestas. Se pasa la noche entre excesos y desenfrenos, e incluso llega al vandalismo.

Si la policía los detiene, él ni se inmuta, es llevado al calabozo y paga la fianza sin ningún arrepentimiento.

—¡Ah, muchachos! —grita—. ¿De qué sirve ser rico, si no para disfrutar?

Más bien podría decir: «¿De qué sirve ser rico, si no puedes hacer el ridículo?»; pero no entiende nada. Es casi seguro que los jóvenes cargados de dinero ajeno están condenados a perder todo lo que heredan, y adquieren toda clase de malos hábitos que —en la mayoría de los casos— los arruinan en salud, billetera y carácter. En este país, una generación sigue a otra, y los pobres de hoy son ricos en la siguiente generación, o en la tercera. Su experiencia los lleva a enriquecerse y a dejar grandes riquezas a sus hijos pequeños. Estos hijos, al ser criados en el lujo, son inexpertos y se empobrecen; y después de una larga y sufrida experiencia llega otra generación que alcanza la riqueza nuevamente. Así «la historia se repite», y feliz aquel que, escuchando la experiencia de otros, evita un naufragio innecesario.

«En Inglaterra, el negocio hace al hombre». Si un hombre en ese país es mecánico o un obrero, no se le reconoce como caballero. Con ocasión de mi primera comparecencia ante la reina Victoria, el duque de Wellington me preguntó a qué se dedicaba mi abuelo.

—Era un carpintero —respondí.

—¡Oh! Yo creí que era un caballero —fue la respuesta de Su Majestad.

En América, el hombre hace el negocio. No importa si es herrero, zapatero, agricultor, banquero o abogado, mientras su negocio sea honesto, puede ser un caballero. Por lo tanto, cualquier negocio «legítimo» es una doble bendición, ya que ayuda a uno mismo y a los demás. El agricultor mantiene a su propia familia, pero también beneficia al comerciante o al mecánico que necesita los productos de su granja. El sastre no solo se gana la vida con su oficio, sino que también beneficia al agricultor, al clérigo y a todos los que no pueden fabricar su propia ropa. De ese modo, todos pueden ser caballeros.

El gran propósito debe ser superar a todos los demás que se dedican a la misma ocupación.

El estudiante que estaba a punto de empezar su vida universitaria, le dijo a un viejo abogado:

—Todavía no he decidido qué profesión voy a seguir. ¿Su profesión está saturada?

—El sótano está lleno, pero hay mucho espacio arriba —fue su ingeniosa y veraz respuesta.

Ninguna profesión, oficio o vocación, está superpoblada en la cima. Dondequiera que se encuentre el mejor comerciante, banquero, abogado, médico, clérigo, zapatero, carpintero o cualquier otra cosa, ese hombre será el más buscado, y siempre tendrá trabajo. Como nación, los estadounidenses son muy superficiales: se esfuerzan por enriquecerse rápidamente y, por lo general, no cimientan sus negocios como deberían, pero quienquiera que sobresalga por encima de los demás —y si sus hábitos son buenos—, será próspero. Por lo tanto, que su lema sea: «Excélsior», «¡siempre más arriba!», ya que, al vivir de acuerdo con él, la palabra «fracaso» no existirá.

APRENDE ALGO ÚTIL

Todo hombre debería hacer que su hijo o hija aprenda algún oficio o profesión útil, para que en estos días tan volubles —un día eres rico, y pobre al siguiente—, puedan tener algo tangible en lo que apoyarse. Esta disposición podría salvar a muchas personas de la miseria, que por algún giro inesperado del destino perdieran todos sus recursos.

DEJA QUE PREDOMINE LA ESPERANZA, PERO NO TE CONFÍES

Muchas personas se quedan pobres, porque son demasiado confiadas. Cada proyecto les parece mejor que el anterior, y por eso cambian continuamente de uno a otro, quedándose siempre «en proceso». El plan de «contar los billetes antes de tenerlos» es un error muy antiguo, pero no parece haber disminuido con el tiempo.

NO DISPERSES TUS HABILIDADES

Dedícate a un solo tipo de negocio y sigue con él fielmente hasta que tengas éxito, o hasta que tu experiencia te muestre que debes abandonarlo. Un martilleo constante hundirá al clavo por completo. Cuando la atención de un hombre se centra en un objeto, su mente buscará mejoras que se le escaparían si estuviera ocupado en una docena de temas diferentes. Muchas fortunas se han escapado por estar ocupado en demasiadas labores a la vez. El viejo refrán «el que abarca mucho, poco aprieta», siempre tendrá mucho sentido.

SÉ SISTEMÁTICO

Los hombres deben ser sistemáticos en sus negocios. Una persona que hace sus negocios según las reglas —con orden y puntualidad— logrará el doble de frutos y se ahorrará la mitad de los problemas a comparación del que actúa con descuido y desgano. Organízate en tus tareas, haz una cosa a la vez, cumple tus compromisos con puntualidad, y créeme, incluso encontrarás tiempo libre para los pasatiempos y la recreación; mientras que el hombre que solo hace una cosa a medias, y luego se dedica a otra cosa, y la hace a medias también, tendrá un negocio sin rumbo, y nunca sabrá cuándo ha terminado su trabajo, porque ni siquiera lo habrá empezado. Por supuesto, todas estas reglas tienen un límite. Debemos tratar de preservar el justo medio, porque el riesgo de ser demasiado sistemático es real. Por ejemplo, hay hombres y mujeres que guardan las cosas con tanto cuidado que nunca pueden volver a encontrarlas. Es demasiado parecido a la formalidad de la «Oficina de circunlocución» del Sr. Dickens, toda teoría y ningún resultado.

Cuando el Astor House comenzó a funcionar en la ciudad de Nueva York, era sin duda el mejor hotel del país. Los propietarios habían aprendido mucho sobre hoteles en Europa, y los dueños estaban orgullosos del riguroso sistema que se aplicaba en todas las habitaciones de su gran establecimiento. Cuando llegaba el mediodía y había varios huéspedes, uno de los propietarios decía: «Toca esa campana, John», y en dos minutos sesenta sirvientes, con un balde de agua en cada mano, se presentaban en el vestíbulo. «Esta es nuestra campana de incendios; les demostrará que aquí estamos muy seguros; lo hacemos todo sistemáticamente», decía el propietario a sus huéspedes. Sin embargo, a veces llevaban su sistema demasiado lejos. En una ocasión, cuando el hotel estaba repleto de huéspedes, uno de los camareros se sintió repentinamente indispuesto y aunque los otros cincuenta y nueve estaban en sus puestos, el propietario pensó que debía tener a los sesenta o su «sistema» se vería interferido. Bajó las escaleras y dijo:

—Me falta uno, ¿qué puedo hacer? —Por casualidad vio a Boots, el irlandés—. Ni modo, Pat, lávate las manos y la cara; toma ese delantal blanco y ve al comedor en cinco minutos.

Al momento, Pat apareció, tal y como se le pidió, y el propietario dijo:

—Ahora Pat, debes colocarte detrás de estas dos sillas y atender a los caballeros que las ocuparán… ¿Has trabajado alguna vez como camarero?

—En la teoría, lo sé todo, pero nunca lo hice.

—¿Estás seguro de que entiendes la labor?

—Claro —aseguró Pat.

—Aquí todo se hace sistemáticamente —dijo el propietario—. Primero, debes darles a los caballeros un plato de sopa. Cuando la terminen, pregúntales qué van a desear después.

—Entiendo perfectamente —dijo Pat.

Los huéspedes llegaron sin demora. Los platos de sopa fueron colocados, pero uno de los huéspedes no quería tomarla.

—Camarero, llévese este plato y tráigame pescado.

Pat miró el plato de sopa intacto, y con las instrucciones del propietario en mente, contestó:

—¡No hasta que se haya comido la sopa!

Por supuesto, eso era llevar el «sistema» demasiado lejos.

ENTÉRATE DE LAS NOTICIAS

Lleva siempre un periódico veraz, y así, mantente completamente informado de los sucesos del mundo. El que no se informa, se aísla. En estos días de avance tecnológico, se están haciendo muchas invenciones y mejoras en cada rama del comercio, y quien no se mantenga al tanto, se quedará atrás muy pronto.

CUIDADO CON LAS «OPERACIONES EXTERNAS»

A veces vemos que hombres que han obtenido fortunas, repentinamente, quedan pobres. En muchos casos, esto se debe a la intemperancia, al juego y a otros malos hábitos. Con frecuencia, ocurre porque un hombre se ha dedicado a «operaciones externas» de algún tipo. Suele ocurrir que, cuando alguien se enriquece en su negocio legítimo, se le habla de una gran especulación en la que puede ganar miles de dólares. Se ve constantemente halagado por sus amigos, que le dicen que ha nacido con suerte, y que todo lo que toca se convierte en oro. Ahora bien, si olvida que sus hábitos económicos, su buena conducta y su dedicación, fueron la causa de su éxito en la vida, escuchará los cantos de sirena. Entonces dirá: «Voy a poner veinte mil dólares. Mi buena suerte hará que obtenga sesenta mil».

Pasan unos días y le informan que debe poner diez mil dólares más; poco después, se le dice que «todo está bien», pero por ciertos imprevistos, ahora se requiere un adelanto de veinte mil dólares más, que le reportarán una rica ganancia. Sin embargo, antes de darse cuenta, la burbuja estalla y pierde todo lo que posee; entonces, aprende lo que debería haber sabido desde el principio: que por muy exitoso que sea un hombre en su propio negocio, si se aparta de él y se dedica a otro del que no entiende nada, será como Sansón cuando se le cortó el cabello.

Si un hombre tiene mucho dinero, debe invertir en algo que parezca tener éxito, y que probablemente beneficie a la humanidad. Las sumas invertidas deben ser moderadas y no debe poner tontamente en peligro la fortuna que ha ganado de manera honesta.

NO APRUEBES NADA
SIN GARANTÍA

Yo creo que ningún hombre debería avalar una promesa de devolución monetaria sin tomar una buena garantía, incluso si se trata de su padre o de su hermano. Supongamos que hay un hombre que tiene un patrimonio de veinte mil dólares y está haciendo un próspero negocio. Tú estás retirado y vives de tus rentas. Él viene hacia ti y dice:

—Tú eres consciente de lo que valgo, y sabes que no tengo deudas. Si tuviera cinco mil dólares en efectivo, podría comprar unos bienes y duplicar mi dinero en unos meses. ¿Podrías avalar mi deuda por esa cantidad?

Tú tienes presente que él «vale» veinte mil dólares, y no incurres en ningún riesgo al endosar su pagaré. Te gusta complacerlo y prestas tu nombre sin preocuparte de una garantía. Poco después, te muestra el pagaré con tu endoso cancelado, y te dice, probablemente con sinceridad, que «ha obtenido el beneficio que esperaba con la operación». Crees haber tomado una decisión inteligente, y el pensamiento te hace sentir feliz. Al cabo de un tiempo, vuelve a ocurrir lo mismo, y lo haces de nuevo. Para entonces, ya has fijado en tu mente la creencia de que es seguro endosar sus cheques sin garantía.

Pero el problema es que este hombre consigue el dinero con demasiada facilidad. Solo tiene que llevar el cheque al banco, hacer que se lo descuenten y coger el efectivo. Obtiene el dinero momentáneamente sin inconvenientes. Ahora fíjate en el resultado: este hombre ve una oportunidad de especulación fuera de su negocio. Solo necesita una inversión temporal de diez mil dólares. Es seguro que se recuperará antes de que venza la deuda en el banco. Te presenta un pagaré por esa cantidad. Tú lo firmas casi automáticamente, convencido de que tu amigo es responsable y confiable.

Desgraciadamente, la especulación no sale como esperaba, y hay que abonar otro cheque de diez mil dólares. Antes de que venza ese cheque, la especulación ha resultado ser un completo fracaso y todo el dinero se ha perdido. ¿Dirá el perdedor a su amigo, el endosante, que ha extraviado la mitad de su fortuna? De ninguna manera, ni siquiera mencionará que ha especulado. Pero se emocionó más de lo debido. El espíritu de la especulación se apoderó de él: vio a otros que ganaban grandes sumas de esta manera (porque rara vez oímos hablar de los perdedores), y, como otros especuladores, «buscó su dinero donde lo extravió». Vuelve a intentarlo, asumir cheques se ha convertido en algo crónico, y en cada pérdida consigue tu firma por la cantidad que quiera. Finalmente, descubres que tu amigo ha perdido todos sus bienes y los tuyos. Te sientes abrumado por el asombro y la pena, y te dices: «es algo muy duro; mi amigo me ha arruinado», pero deberías añadir: «y yo también le he arruinado a él». Si le hubieras dicho, en primer lugar: «Te ayudaré, pero no endosaré nada sin tomar garantías», él no podría haber ido más allá de su límite, y nunca se habría visto tentado de meterse en cosas que no comprende.

Es una cosa muy peligrosa dejar que la gente se apodere del dinero con demasiada facilidad, pues hay muchas especulaciones peligrosas. Salomón dijo con mucha verdad que «el que evita dar fianzas vive tranquilo» (Proverbios 11:15).

Así que, con el joven principiante, deja que entienda el valor del dinero ganándolo. Cuando lo haga, entonces engrasa un poco las ruedas para ayudarle, pero recuerda que los hombres que obtienen dinero con demasiada facilidad no suelen tener éxito. Deben obtener los primeros dólares a golpes duros, y con sacrificio.

ANUNCIA TU NEGOCIO

Todos dependemos, en mayor o menor medida, del público. Todos comerciamos con el público: abogados, médicos, zapateros, artistas, herreros, directores de ópera, dueños de ferrocarriles y profesores universitarios. Los que tratan con el público deben asegurarse de que sus productos sean buenos y de calidad. Asegúrate de darles buena publicidad, porque es evidente que, si un hombre tiene un artículo y nadie lo conoce, por más bueno que sea, este no le reportará ningún beneficio. Primero hay que «sembrar», luego «cosechar». Así lo hace el agricultor: planta sus papas y su maíz, siembra su grano, y luego se dedica a otra cosa. Después llega el momento de cosechar. Nunca podrá ser al revés. Este principio se aplica a toda clase de negocios, y sobre todo en la publicidad. Si un hombre tiene un artículo muy bueno, la mejor manera de alcanzar la cosecha es «sembrando» al público con publicidad. Por supuesto, el artículo realmente debe ser bueno; cualquier cosa de mala calidad no tendrá éxito a la larga, porque el público es más listo de lo que muchos imaginan. Los hombres y las mujeres somos egoístas, y preferimos comprar donde se pueda obtener el máximo beneficio por nuestro dinero. Por esa razón procuramos averiguar dónde podemos hacerlo con mayor seguridad.

Puedes anunciar un artículo fraudulento y convencer a mucha gente a comprarlo una vez, pero te denunciarán como estafador y tu negocio se extinguirá gradualmente. Pocas personas pueden adquirir estabilidad con una clientela ocasional. Todos necesitan que sus clientes vuelvan y compren de nuevo. Un hombre me dijo:

—He probado la publicidad y no tuve éxito. Sin embargo, tengo un buen artículo.

—Amigo mío, puede pasar. Pero ¿cómo lo anuncias? —le contesté.

—Lo publiqué tres veces en un semanario, y pagué un dólar por él.

—Señor, la publicidad es como el aprendizaje: en pocas dosis, es peligrosa.

Un escritor francés dijo que «un hombre no ve la primera mención de un anuncio ordinario; en la segunda la ve, pero no la lee; en la tercera la lee; en la cuarta mira el precio; en la quinta se lo comenta a su mujer; en la sexta está dispuesto a comprar, y en la séptima compra». Tu objetivo en la publicidad es hacer que el público entienda lo que vendas, y si no tienes el valor de seguir anunciando, hasta que hayas transmitido tu mensaje, todo el dinero que hayas gastado está perdido.

Recordemos la anécdota del caballero que le dijo a otro que, si le daba diez centavos, le ahorraría un dólar.

—¿Cómo puedo ayudarle con una suma tan pequeña? —preguntó sorprendido el otro caballero—.

—He salido esta mañana con la intención de emborracharme, y he gastado mi único dólar para lograr el objetivo, pero no me embriagué. Con diez centavos más de whisky lo conseguiría, y así me ahorraría el dólar ya gastado.

Así que un hombre que hace publicidad debe mantenerla hasta que el público sepa quién es y cuál es su negocio, o de lo contrario el dinero invertido se pierde.

Algunos hombres tienen el talento para escribir un anuncio llamativo, que capte la atención del lector a primera vista. Este hecho, por supuesto, da al anunciante una gran ventaja. A veces, un hombre se hace popular por un letrero único o una exhibición curiosa en su escaparate. Recientemente, observé un letrero que por un lado decía: «No leas el otro lado». Para leer el otro lado, había que entrar a la tienda.

«NO LEAS EL OTRO LADO»

Entré, por supuesto, y también lo hizo todo el mundo. Así es como el hombre consiguió atraer al público a su negocio.

John Nicholas Genin, el sombrerero, compró el primer boleto para el concierto de Jenny Lind en una subasta por doscientos veinticinco dólares, porque sabía que sería una buena publicidad para él. «¿Quién es el postor?», dijo el subastador. «Genin, el sombrerero», fue la respuesta. Allí había miles de personas locales y de ciudades lejanas. «¿Quién es Genin, el sombrerero?», exclamaron, pues nunca habían oído hablar de él. A la mañana siguiente, los periódicos habían difundido lo ocurrido desde Maine hasta Texas, y de cinco a diez millones de personas habían leído que las entradas subastadas para el primer concierto de Jenny Lind ascendían a unos veinte mil dólares, y que una sola entrada se vendió a doscientos veinticinco dólares». Los hombres de todo el país se quitaron el sombrero para ver si tenían un sombrero «Genin» en la cabeza. En un pueblo de Iowa se comprobó que, entre la multitud que rodeaba la oficina de correos, había un hombre que tenía un sombrero «Genin», y lo mostró triunfante, aunque estaba gastado y no valía ni dos centavos.

—¡Vaya! —exclamó un hombre—. Tienes un «Genin». ¡Qué suerte tienes!

—Guarda ese sombrero, será una valiosa reliquia en tu familia —dijo otro.

Otro hombre de la multitud, que parecía envidiar al suertudo, dijo:

—Vamos, danos una oportunidad, ¡ponlo en subasta!

Así lo hizo. El sombrero se vendió por nueve dólares y cincuenta centavos (285 dólares, hoy en día). ¿Y cuál fue el desenlace para Genin? Vendió diez mil sombreros más al año, desde aquella subasta. Nueve décimas partes de los compradores adquirieron el producto, probablemente, por curiosidad, y muchos de ellos al ver que era un producto de calidad.

No digo que todo el mundo deba anunciarse como lo hizo Genin. Pero, si un hombre tiene bienes en venta y no los anuncia, lo más probable es que algún día se los expropien. Tampoco digo que todo el mundo deba anunciarse en un periódico —por ejemplo, los médicos y los clérigos, y a veces los abogados y otros—, pero pueden llegar a anunciarse de alguna otra manera. Pero es obvio que deben ser conocidos; si no, ¿cómo podrían ofrecer sus servicios?

SE CORTÉS Y AMABLE
CON TUS CLIENTES

La cortesía y los buenos modales son el mejor capital que se puede invertir en un negocio. Los grandes almacenes, los letreros dorados o llamativos, todo será inútil si tú o tus empleados tratan a sus clientes con brusquedad. La verdad es que cuanto más amable sea un hombre, más generosos serán sus ingresos y patrocinios. «Lo semejante engendra lo semejante». El hombre que da la mayor cantidad de bienes de calidad por la menor suma, incluso absteniéndose de un rédito inmediato, tendrá más éxito a largo plazo. Esto nos lleva a la regla de oro: «hagan ustedes con los demás como quieran que los demás hagan con ustedes» (Mateo 7:12). Tus clientes se comportarán mejor si siempre los tratas como si fuesen a obtener lo máximo posible a cambio de lo mínimo. Los hombres que hacen tratos secos con sus clientes, actuando como si no esperaran volver a verlos, no se equivocarán en ello; en efecto, nunca los volverán a ver como clientes. A la gente no le gusta pagar y que luego les den una patada de despedida.

Uno de los porteros de mi museo me dijo una vez que tenía la intención de golpear a un hombre, quien en ese momento estaba en la sala de conferencias.

—¿Por qué? —pregunté.

—Porque dijo que yo no era un caballero —respondió.

—No importa —le contesté—. Él pagó por nuestro servicio, y no lo convencerás de que eres un caballero dándole una golpiza. No puedo permitirme perder un cliente. Si lo lastimas, no volverá a visitar el museo, y convencerá a sus amigos de ir a otros lugares. Así, el que saldría perjudicado sería yo.

—Pero me ha insultado —murmuró el portero.

—Exactamente —respondí—. Y si él hubiera sido el dueño del museo y, tras pagarle por el boleto, te hubiera insultado, habrías tenido una razón para resentirte. En este caso, él es quien paga y nosotros recibimos. Por lo tanto, debes aguantar sus malos modales.

Mi portero comentó entre risas que esa era, sin duda, la mejor estrategia. Sin embargo, añadió que un aumento de sueldo le caería muy bien, porque le seguirían faltando el respeto.

SÉ CARITATIVO

Las personas deben ser caritativas, puesto que serlo es un deber y un placer. El hombre generoso obtendrá respaldo y recompensas, mientras que el avaro será evitado.

Salomón dice: «Hay gente desprendida que recibe más de lo que da,

y gente tacaña que acaba en la pobreza» (Proverbios 11: 24). Y la única caridad verdadera es la que sale del corazón.

La mejor caridad es ayudar a quien está dispuesto a ayudarse a sí mismo. La limosna imprudente, que se da sin indagar sobre la valía de quien la pide, es mala. Pero buscar y ayudar tranquilamente a los que se esfuerzan, equivale a «dispersar para crecer». Pero no caigas en la idea que algunas personas practican, de dar una oración sin ofrecer un poco de pan al hambriento. Es más fácil hacer cristianos a quienes tienen el estómago lleno.

NO ALARDEES

Algunos hombres tienen la tonta costumbre de contar sus secretos empresariales. Si ganan dinero, les gusta contar a sus vecinos cómo lo hicieron. Con esto no se gana nada y a menudo se pierde mucho. No digas nada sobre tus ganancias, esperanzas, expectativas o intenciones empresariales. Esto debería aplicarse tanto a las cartas como a las conversaciones. Goethe hace decir a Mefistófeles: «Nunca escribas una carta ni destruyas una». Los hombres de negocios deben escribir cartas, pero deben tener cuidado con lo que ponen en ellas. Si estás perdiendo dinero, sé especialmente cauto y no lo cuentes, o perderás tu reputación.

PRESERVA TU INTEGRIDAD

Esto es más valioso que los diamantes o los rubíes. El viejo avaro dijo a sus hijos: «Consigan dinero. Si se puede, háganlo con honestidad, pero consíganlo». Este consejo no solo era atrozmente perverso, sino que era la esencia misma de la estupidez; era lo mismo que decir: «Si les es difícil conseguir dinero honestamente, consíganlo de forma deshonesta». ¡Pobre tonto! ¡No sabe que lo más difícil en la vida es conseguir dinero deshonestamente! No sabe que nuestras cárceles están llenas de hombres que intentaron seguir este consejo; no comprende que ningún hombre puede ser deshonesto, sin ser descubierto pronto, y que cuando se descubre su falta de principios, casi todas las vías de éxito se le cerrarán para siempre. El público rechaza a todos los que tienen una integridad dudosa. Por muy educada, agradable y complaciente que sea la persona de la que se sospecha, ninguno se atreverá a hacer negocios con ella. La honestidad no solo es la base de todo éxito en la vida financiera, sino en todos los demás aspectos. La integridad es invaluable, pues asegura a su poseedor una paz y una alegría que no se pueden alcanzar sin ella, y que el dinero no puede comprar. Un hombre que es conocido por ser totalmente honesto puede ser muy pobre, pero tiene los bolsillos de toda la comunidad a su disposición, pues todos saben que, si promete devolver lo que pide prestado, nunca los defraudará. Por lo tanto, todos encontrarán que la máxima de Benjamín Franklin nunca dejará de ser cierta: «La honestidad es la mejor política».

Hacerse rico no siempre equivale a tener éxito. Hay muchos hombres y mujeres, honestos y devotos, que nunca han poseído el dinero que algunos ricos despilfarran en solo una semana, pero que son realmente más felices que aquellos que transgreden las leyes.

El amor desmedido al dinero, sin duda, puede ser y es «la raíz de todos los males» (1 Timoteo 6:10), pero el dinero en sí, cuando se utiliza correctamente, no solo es una «cosa útil» para tener a la mano, sino que facilita la oportunidad de ayudar a los demás y de tener recursos para vivir con tranquilidad. El deseo de riqueza es casi universal, y nadie puede decir que no sea algo correcto, siempre que su poseedor acepte sus responsabilidades y utilice su fortuna como una herramienta de servicio.

La historia de la obtención de dinero —o sea, del comercio—, es la historia de nuestra civilización, y allí donde el comercio ha florecido más, también el arte y la ciencia han dado los frutos más nobles. De hecho, como generalidad, los buscadores de dinero suelen ser los benefactores de nuestra especie. A ellos, en gran medida, les debemos nuestros colegios, academias, universidades, conservatorios e iglesias.

No es un argumento contra el deseo o la posesión de riquezas decir que, a veces hay avaros que aman el dinero sin más, y que no tienen una aspiración más alta que la de apoderarse de todo lo que está a su alcance. Al igual que a veces hay hipócritas en la religión y demagogos en la política, también hay avaros entre los que buscan dinero. Sin embargo, ellos no son el común denominador. Pero en este país, cuando encontramos a un avaro, nos sentimos agradecidos de no tener leyes de primogenitura, y que, gracias al debido curso de la naturaleza, llegará el momento en que el polvo acaparado se dispersará.

Por lo tanto, a todos los hombres y mujeres les digo concienzudamente: hagan dinero honestamente, y no de otra manera. Como escribió Shakespeare en *A vuestro gusto*: «el dinero, los recursos y la tranquilidad pueden ser tres buenos amigos».

FIN

LA CIENCIA DE HACERSE RICO

Wallace D. Wattles

Capítulo 1

EL DERECHO A SER RICO

Independientemente de lo que se diga en elogio de la pobreza, el hecho real es que no es posible vivir una vida realmente completa o exitosa, a menos que uno sea rico. Ningún hombre puede elevarse a su mayor altura posible, en cuanto a talento o desarrollo del alma, si no tiene mucho dinero; porque para desplegar el alma y desarrollar el talento, debe tener muchas cosas para usar, y no puede tener estas cosas sin el dinero para comprarlas.

El hombre se desarrolla en mente, alma y cuerpo haciendo uso de las cosas, y la sociedad está organizada de tal manera que el hombre debe tener dinero para convertirse en poseedor de bienes materiales; por lo tanto, la base de todo avance para el hombre debe ser la ciencia de hacerse rico.

El objetivo de toda vida es el desarrollo; y todo lo que vive tiene un derecho inalienable a la realización de la que es capaz de alcanzar.

El derecho del hombre a la vida significa su derecho a tener el uso libre, y sin restricciones, de todas las cosas que puedan ser necesarias para su más completo desarrollo mental, espiritual y físico; o, en otras palabras, su derecho a ser rico.

En este libro, no hablaré de las riquezas de manera figurada; ser realmente rico, no significa estar satisfecho o contentarse con un poco. Ningún hombre debería estar satisfecho con un poco si es capaz de usar y disfrutar más. El propósito de la Naturaleza es el progreso y la realización de la vida; y cada hombre debe tener todo lo que pueda contribuir al poder, la elegancia, la belleza y la riqueza de la vida; contentarse con menos es un error.

El hombre que posee todo lo que quiere para vivir al máximo, es rico; y ningún hombre que no tenga mucho dinero puede tener todo lo que quiere. La vida ha avanzado tanto, y se ha vuelto tan compleja, que incluso el hombre o la mujer más ordinarios requieren una gran cantidad de riqueza para poder vivir de una manera que se acerque siquiera a la plenitud. Cada persona quiere, naturalmente, llegar a ser todo lo que es capaz de ser; este deseo de realizar las posibilidades innatas es inherente a la naturaleza humana; no podemos evitar querer ser todo lo que podemos ser. El éxito en la vida consiste en llegar a ser lo que se quiere ser; solo se puede llegar a ser lo que se quiere ser haciendo uso de las cosas, y solo se puede tener el libre uso de las cosas cuando se llega a ser lo suficientemente rico como para comprarlas. Entender la ciencia de hacerse rico es, por lo tanto, el más esencial de todos los conocimientos.

No hay nada malo en querer enriquecerse. El deseo de riqueza es realmente el deseo de una vida más plena y más abundante; y ese deseo es digno de alabanza. El hombre que no desea vivir más abundantemente es anormal, así como el que no desea tener dinero suficiente para comprar todo lo que quiere.

Hay tres motivos por los que vivimos: vivimos para el cuerpo, para la mente y para el alma. Ninguno de ellos es mejor o más noble que el otro; todos son igualmente deseables, y ninguno de los tres —cuerpo, mente o alma— puede vivir plenamente, si alguno de los otros se ve privado de una vida y expresión en su máximo esplendor. No es correcto ni noble vivir solo para el alma y negar la mente o el cuerpo; y es un error vivir para el intelecto y negar el cuerpo y el alma.

Todos conocemos las repugnantes consecuencias de vivir para el cuerpo y negar la mente y el alma; y vemos que la verdadera vida significa la expresión completa de todo lo que el hombre puede dar a través del cuerpo, la mente y el alma. Sim importar lo que se diga, ningún hombre puede ser realmente feliz o estar satisfecho, a menos que su cuerpo viva plenamente en todas sus funciones, y a menos que lo mismo ocurra con su mente y su alma. Dondequiera que haya una posibilidad no expresada, o una función no realizada, hay un deseo insatisfecho. El deseo es una posibilidad que busca su expresión, o una función que busca su realización.

El hombre no puede vivir sanamente en su cuerpo sin una buena alimentación, una vestimenta cómoda y un refugio cálido, y sin estar libre de un trabajo excesivo. El descanso y la recreación también son necesarios para su vida física.

No puede cultivarse en la mente sin libros y tiempo para estudiarlos, sin oportunidad de viajar y observar, o sin compañía intelectual. Para vivir correctamente en el plano de la mente, debe tener recreaciones intelectuales, y debe rodearse de todos los objetos de arte y belleza que sea capaz de utilizar y apreciar.

Para vivir rectamente en el alma, el hombre debe tener amor; y el amor y sus expresiones son negadas por la pobreza.

La mayor felicidad del hombre se encuentra en hacer el bien a los que ama; el amor encuentra su expresión más natural y espontánea en el dar. El hombre que no tiene nada que dar no puede ocupar su lugar como esposo o padre, como ciudadano o como hombre en sí. Es en el recto uso de las cosas materiales donde el ser humano encuentra la via para cuidar su cuerpo, desarrollar su mente y desplegar su alma. Por lo tanto, es de suprema importancia para él ser rico.

Es perfectamente correcto que desees ser rico; si eres un hombre o una mujer normal no puedes evitarlo. Será muy conveniente que prestes tu mejor atención a La ciencia de hacerse rico, porque es el más noble y necesario de todos los estudios. Si descuidas esta información, faltarás a tu deber contigo mismo, con Dios y con la humanidad, pues no puedes prestar un mayor servicio a Dios y a la humanidad como es el de sacar el máximo provecho de ti mismo.

Capítulo 2

HAY UNA CIENCIA PARA HACERSE RICO

Existe una Ciencia de hacerse rico, y es una ciencia exacta, como el álgebra o la aritmética. Hay ciertas leyes que gobiernan el proceso de adquirir riquezas; una vez que estas leyes son aprendidas y obedecidas por cualquier hombre, uno podrá hacerse rico con una certeza matemática.

La posesión de dinero y propiedades es el resultado de hacer las cosas de una Manera Certera; los que hacen las cosas de ese modo —ya sea a propósito o accidentalmente—, se enriquecen; mientras que los que no hacen las cosas de esta Manera Certera, no importa lo mucho que trabajen o lo capaces que sean, seguirán siendo pobres.

Es una ley natural que las causas semejantes siempre produzcan efectos semejantes; y, por lo tanto, cualquier hombre o mujer que aprenda a hacer las cosas de esta manera, se hará rico infaliblemente.

La veracidad de esta afirmación se corrobora con los siguientes hechos:

Hacerse rico no es una cuestión de entorno, porque, si lo fuera, todos los habitantes de ciertos barrios se harían ricos; los habitantes de una ciudad serían todos ricos; mientras que los de otras ciudades serían todos pobres; o los habitantes de un estado se regodearían en la riqueza, mientras que los de un estado colindante estarían en la pobreza.

En todas partes vemos a ricos y pobres viviendo uno al lado del otro, en el mismo entorno, y a menudo dedicados a las mismas vocaciones. Cuando dos hombres están en la misma localidad, en el mismo negocio, y uno se enriquece mientras que el otro no, se demuestra que enriquecerse no es —principalmente— una cuestión de entorno, aunque algunos de estos puedan ser más favorables que otros.

Y además, la capacidad de hacer cosas en esta Manera Certera no se debe únicamente a la posesión de talento, pues muchas personas que tienen gran talento siguen siendo pobres, mientras que otras que tienen muy poco talento sí se enriquecen.

Al estudiar a las personas que se han enriquecido, encontramos que son un grupo promedio en todos los aspectos, que no tienen mayores talentos y habilidades que otros hombres. Es evidente que no se enriquecen porque posean cualidades que otros hombres no tienen, sino porque resulta que hacen las cosas de una Manera Certera.

Hacerse rico no es el resultado del ahorro, o de «economizar»; mucha gente muy sacrificada es pobre, mientras que los que gastan libremente suelen hacerse ricos.

Enriquecerse tampoco se debe a que uno haga cosas que otros no hacen; porque dos hombres en el mismo negocio, a menudo, hacen las mismas cosas la mayoría de las veces; y uno se enriquece, mientras el otro permanece pobre o cae en bancarrota.

De todo esto, debemos llegar a la conclusión que hacerse rico es el resultado de hacer las cosas de una Manera Certera.

Si enriquecerse es el resultado de hacer las cosas de una Manera Certera, y si las causas semejantes siempre producen efectos semejantes, entonces, cualquier hombre o mujer que pueda hacer las cosas de esa manera, puede enriquecerse, y todo el asunto entra en el dominio de la ciencia exacta.

Se plantea aquí la cuestión de si esta Manera Certera pueda ser muy ardua, al punto de que solo unos pocos puedan seguirla. Esto no puede ser cierto, como hemos visto, en lo que respecta a la capacidad natural. Las personas con talento se enriquecen, y los poco hábiles mentalmente también se enriquecen; las personas intelectualmente brillantes se enriquecen, y las muy estúpidas se enriquecen; las personas físicamente fuertes se enriquecen, y las débiles y enfermas se enriquecen. Cierto grado de habilidad para pensar y entender es, por supuesto, esencial; pero en lo que respecta a la habilidad natural, cualquier hombre o mujer que tenga el suficiente sentido común para leer y entender estas palabras puede ciertamente hacerse rico.

Además, hemos visto que no es una cuestión de entorno. Aunque la ubicación cuenta de todos modos; uno no iría al corazón del Sahara y esperaría hacer un negocio exitoso.

Hacerse rico implica la necesidad de interactuar con los hombres, y de estar donde hay gente con la que tratar; y si esta gente está inclinada a desenvolverse de la manera que tú quieres, mucho mejor. Pero hasta ahí llega el entorno. Si cualquier otra persona de tu ciudad puede hacerse rica, tú también; y si cualquier otra persona de tu estado puede hacerse rica, tú también. Una vez más, no se trata de elegir un negocio o una profesión en particular. La gente se enriquece en todos los negocios y en todas las profesiones, mientras que sus vecinos de al lado, y en la misma vocación, permanecen en la pobreza. Es cierto que uno se desenvuelve mejor en un negocio que le gusta y que le es afín; y si uno tiene ciertos talentos bien desarrollados, se desenvuelve mejor en un trabajo que exige el ejercicio de esas cualidades.

Además, te sentará mejor un negocio que se adapte a tu localidad; una heladería te irá mejor en un clima cálido que en Groenlandia, y una pesquería de salmón tendrá más éxito en el noroeste que en Florida, donde no hay salmones.

Pero, aparte de estas limitaciones generales, enriquecerse no depende de que te dediques a un negocio concreto, sino de que aprendas a obrar de una Manera Certera. Si no te estás enriqueciendo en un negocio, mientras que cualquier otra persona de tu localidad —en el mismo negocio— sí lo hace, es porque no estás llevando a cabo las cosas de la misma manera que la otra persona lo está haciendo. A nadie le impide hacerse rico la falta de capital. Es cierto que, a medida que se obtiene el capital, el aumento se hace más fácil y rápido; pero quien tiene capital ya es rico, y no necesita considerar cómo llegar a serlo. Por muy pobre que seas, si empiezas a hacer las cosas de una Manera Certera, empezarás a hacerte rico; y empezarás a tener capital.

Puedes ser el hombre más pobre del continente, y estar profundamente endeudado; puedes no tener amigos, ni influencia, ni recursos; pero si empiezas a hacer las cosas de esta manera, infaliblemente empezarás a hacerte rico, porque causas similares deben producir efectos similares. Si no tienes capital, puedes conseguirlo; si estás en el negocio equivocado, puedes entrar en el negocio correcto; si estás en el lugar equivocado, puedes ir al lugar correcto; y puedes obrar en base a esa Manera Certera comenzando en tu negocio actual y en tu lugar actual.

Capítulo 3

¿ESTÁ MONOPOLIZADA LA OPORTUNIDAD?

Ningún hombre se mantiene pobre porque se le haya quitado la oportunidad; o porque otras personas hayan monopolizado la riqueza, y hayan puesto un cerco alrededor de ella. Puede que se te impida hacer negocios en ciertas líneas, pero hay otros canales abiertos para ti. Probablemente te resultará difícil hacerse con el control de alguno de los grandes sistemas ferroviarios; ese campo está bastante monopolizado. Pero el negocio de los ferrocarriles eléctricos está todavía en sus comienzos y ofrece muchas posibilidades para la empresa; y no pasarán más que unos pocos años hasta que el comercio y el transporte por el aire se conviertan en una gran industria, y, en todas sus ramas, den empleo a cientos de miles, y tal vez a millones de personas. ¿Por qué no dedicar tu atención al desarrollo del transporte aéreo, en lugar de competir con J. J. Hill y otros por una oportunidad en el mundo del ferrocarril a vapor?

Es cierto que si eres un obrero contratado por la empresa siderúrgica, tendrás muy pocas posibilidades de convertirte en el propietario de la planta en la que trabajas; pero también es cierto que, si empiezas a actuar de una Manera Certera, puedes dejar pronto el empleo de la empresa siderúrgica; puedes comprar una granja de diez a cuarenta acres, y dedicarte a la producción de alimentos. Hay una gran oportunidad, en este momento, para los hombres que vivan en pequeñas extensiones de tierra y las cultiven intensamente; tales hombres seguramente se harán ricos. Tal vez digas que es imposible que puedas conseguir la tierra, pero yo voy a demostrar que no es imposible, y que puedes conseguir una granja si te pones a trabajar de una Manera Certera.

En diferentes periodos, la marea de la oportunidad se dirige en diferentes direcciones, de acuerdo con las necesidades de la totalidad y la etapa particular de la evolución social que se ha alcanzado. En la actualidad, en América, se dirige hacia la agricultura, las industrias y profesiones afines. Hoy en día, la oportunidad está más abierta para el agricultor, para sus abastecedores y distintos profesionales involucrados en esa línea, y no tanto para el trabajador de fábrica o las diversas ocupaciones afines al rubro industrial.

Hay abundancia de oportunidades para el hombre que va con la marea, en lugar de tratar de nadar contra ella.

Por lo tanto, los trabajadores de las fábricas —ya sea como individuos o como clase—, no están privados de oportunidades. Los trabajadores no están siendo «dejados abajo» por sus patrones; no están siendo «molidos» por los fideicomisos y las combinaciones de capital. Como clase, están donde están porque no hacen las cosas de una Manera Certera. Si los trabajadores de América decidieran hacerlo, podrían seguir el ejemplo de sus hermanos en Bélgica y otros países, y establecer grandes almacenes e industrias cooperativas; podrían elegir a hombres de su propio rango para los cargos, y aprobar leyes que favorecieran el desarrollo de tales industrias; y en pocos años podrían tomar posesión pacífica del campo laboral.

La clase obrera puede convertirse en la clase dominante siempre que empiece a hacer las cosas de una Manera Certera; la ley de la riqueza es la misma para ellos que para todos los demás. Esto deben aprenderlo; y permanecerán en el lugar que hayan alcanzado mientras sigan haciendo lo que hacen. El trabajador individual, sin embargo, no está sujeto por la ignorancia o la pereza mental; puede seguir la marea de oportunidades hacia la riqueza, y este libro te dirá cómo.

Nadie se mantiene en la pobreza debido a que las riquezas sean escasas; hay más que suficiente para todos. Un palacio tan grande como el capitolio de Washington podría construirse para cada familia de la tierra con solo usar el material de construcción de los Estados Unidos; y bajo un cultivo intensivo, este país produciría comida suficiente para alimentar a todo el planeta; además de lana, algodón, lino y seda para vestir a cada persona del mundo, y sus prendas serían más finas que los ropajes del rey Salomón en su epoca más gloriosa. El suministro visible es prácticamente inagotable; y el suministro invisible realmente es inagotable.

Todo lo que ves en la tierra está hecho de una sustancia original, de la que proceden todas las cosas.

Constantemente se crean nuevas formas, y las más antiguas se disuelven; pero todas son formas asumidas por Una Sola Cosa. No hay límite en el suministro de la Materia Sin Forma, o de la Sustancia Original.

El universo está hecho de ella; pero no se utilizó toda en la creación del universo. Los espacios —dentro, a través, y entre las formas del universo visible— están impregnados y llenos de la Sustancia Original; de la Materia Sin Forma; de la materia prima de todas las cosas. Se podría hacer todavía diez mil veces más de lo que se ha hecho, y aun así no se habría agotado la materia prima universal.

Por lo tanto, ningún hombre es pobre porque la naturaleza sea pobre, o porque no haya suficiente para todos.

La naturaleza es un almacén inagotable de riquezas; el suministro nunca se acabará. La Sustancia Original está viva con energía creadora, y está constantemente produciendo más formas. Cuando se agote el material de construcción, se producirá más; cuando el suelo se agote de tal manera que ya no crezcan en él alimentos y materiales para vestir, se renovará o se harán más suelos. Cuando se haya extraído todo el oro y la plata de la tierra —si el hombre todavía se encuentra en una etapa de desarrollo social que necesite oro y plata—, se producirá más de la Materia Sin Forma, pues esta responde a las necesidades del hombre: no dejará que le falte ningún bien.

Esto es cierto para el hombre de manera colectiva; la raza en su conjunto es siempre abundantemente rica, y si los individuos son pobres, es porque no siguen la Manera Certera de hacer las cosas que hace rico al hombre particular.

La Materia sin Forma es inteligente; es una materia que piensa. Está viva, y siempre está impelida hacia más vida.

El impulso natural e inherente de la vida es buscar vivir más; la naturaleza de la inteligencia es incrementarse, y la de la conciencia, es buscar extender sus límites y encontrar una expresión más completa. El universo de las formas ha sido hecho por la Sustancia Viva sin Forma, lanzándose a la toma de formas para expresarse más plenamente.

El universo es una gran Presencia Viviente, siempre moviéndose inherentemente hacia un funcionamiento más pleno y hacia más vida.

La naturaleza está formada para el progreso de la vida; su motivo impulsor es el aumento de la misma. Por esta causa, todo lo que puede servir a la vida está generosamente provisto; no puede haber carencia, a menos que Dios se contradiga a sí mismo y anule sus propias obras.

No te mantienes pobre por la falta de suministro de riquezas; es un hecho que demostraré un poco más adelante que, incluso los recursos del Suministro Sin Forma, están a la orden del hombre o la mujer que actuará y pensará de una Manera Certera.

CAPÍTULO 4

EL PRIMER PRINCIPIO EN LA CIENCIA DE HACERSE RICO

El pensamiento es el único poder que puede producir riquezas tangibles a partir de la sustancia sin forma. La materia de la que están hechas todas las cosas, es una sustancia que piensa; y un pensamiento —encaminado por esta sustancia— produce la forma.

La Sustancia Original se mueve según sus pensamientos; cada forma y proceso que ves en la naturaleza es la expresión visible de un pensamiento en la Sustancia Original. Cuando la Materia sin Forma piensa en una forma, toma esa forma; cuando piensa en un movimiento, realiza ese movimiento. Así es como se crearon todas las cosas. Vivimos en un mundo de pensamientos, que forma parte de un universo de pensamientos.

El pensamiento de un universo en movimiento

se extendió por toda la Sustancia sin Forma, y la Materia Pensante, moviéndose según ese pensamiento, tomó la forma de sistemas de planetas, y se mantiene así. La Materia Pensante toma la forma de su pensamiento y se mueve según el mismo. Manteniendo la idea de un sistema circundante de soles y mundos, toma la forma de estos cuerpos, y los mueve según su pensamiento. Pensando en la forma de un roble que crece lentamente, se mueve en consecuencia, y produce el árbol, aunque se necesiten siglos para realizar el trabajo. Al crear, lo que no tiene forma parece moverse según las líneas de acción que ha establecido; el pensar en un roble no provoca la formación instantánea de un árbol completamente desarrollado, pero sí pone en movimiento las fuerzas que producirán el árbol, según las líneas de crecimiento establecidas.

El pensamiento de la construcción de una casa, si se imprimiera en la Sustancia sin Forma, podría no causar la formación instantánea de la casa; pero causaría el giro de las energías creativas que ya están trabajando en dicho propósito. Y si no existieran canales a través de los cuales la energía creadora pudiera operar, entonces la casa se formaría directamente a partir de la sustancia primitiva, sin esperar los lentos procesos del mundo orgánico e inorgánico.

Ningún pensamiento de forma puede ser impreso en la Sustancia Original sin causar la creación de la misma.

El hombre es un centro que puede originar el pensamiento. Todas las formas que el hombre crea con sus manos, primero deben existir en su pensamiento; no puede dar forma a una cosa hasta que la haya pensado.

Y hasta ahora el hombre ha limitado sus esfuerzos enteramente al trabajo de sus manos; ha aplicado el trabajo manual al mundo de las formas, buscando cambiar o modificar las ya existentes. Nunca ha pensado en intentar provocar la creación de nuevas formas imprimiendo sus pensamientos en la Sustancia sin Forma.

Cuando el hombre tiene una forma de pensamiento, toma el material de la naturaleza, y hace una imagen de lo que está en su mente. Hasta ahora ha hecho poco o ningún esfuerzo para cooperar con la Inteligencia sin Forma; para trabajar «con el Padre». No ha soñado que puede intentar hacer un reflejo de lo que «ve hacer al Padre». El hombre remodela y modifica las formas existentes mediante el trabajo manual; no ha prestado atención a la cuestión de si no puede producir cosas a partir de la Sustancia sin Forma comunicándole sus pensamientos. Nos proponemos demostrar que puede hacerlo; demostrar que cualquier hombre o mujer puede hacerlo, y mostrar cómo. En el primer paso, debemos establecer tres proposiciones fundamentales.

En primer lugar, afirmamos que hay una Materia Original sin Forma, o Sustancia, de la que están hechas todas las cosas. Todos los elementos aparentemente numerosos no son más que diferentes presentaciones de un elemento; todas las muchas formas que se encuentran en la naturaleza orgánica e inorgánica no son más que diferentes formas, hechas de la misma materia. Y esta materia piensa; un pensamiento mantenido en ella produce la forma del mismo. El hombre es un centro pensante, capaz de un pensamiento original; si el hombre puede comunicar su idea a la Sustancia Pensante Original, puede causar la creación, o formación, de la cosa que piensa. Para resumir esto, podemos afirmar lo siguiente:

Hay una materia pensante de la que están hechas todas las cosas y que, en su estado original, impregna, penetra y llena los intersticios del universo.

Un pensamiento, en esta sustancia, produce la cosa que es imaginada por dicho pensamiento.

El hombre puede formar cosas en su pensamiento, y, al imprimirlo en la sustancia sin forma, puede hacer que se cree la cosa visualizada.

Se puede preguntar si puedo demostrar estas afirmaciones; y sin entrar en detalles, respondo que puedo hacerlo, tanto por lógica como por experiencia.

Razonando hacia atrás desde los fenómenos de la forma y el pensamiento, llego a una sustancia pensante original; y razonando hacia adelante desde esta sustancia pensante, llego al poder del hombre para causar la formación de la cosa que piensa.

Y mediante el experimento, encuentro que el razonamiento es verdadero; y esta es mi prueba más fuerte.

Si un hombre que lee este libro se hace rico haciendo lo que le dice que haga, eso es una prueba en apoyo de mi afirmación; pero si todo hombre enriquece haciendo lo que se le dice que haga, eso será una prueba positiva hasta que alguien pase por el proceso y fracase. La teoría es verdadera hasta que el proceso fracasa; y este proceso no fracasará, porque todo hombre que haga exactamente lo que este libro le dice que haga, se hará rico.

He dicho que los hombres se enriquecen haciendo las cosas de una Manera Certera; y para ello, los hombres deben llegar a ser capaces de pensar de esa misma manera.

La forma de hacer las cosas, de un hombre, es el resultado directo de su forma de pensar.

Para hacer las cosas de la manera que deseas, tendrás que adquirir la capacidad de pensar de la manera que deseas; este es el primer paso para hacerte rico.

Pensar lo que se quiere pensar significa pensar la verdad, sin importar las apariencias.

Todo hombre tiene el poder natural e inherente de pensar lo que quiere pensar, pero requiere mucho más esfuerzo para hacerlo, que para pensar lo que se nos sugiere por las apariencias. Pensar según las apariencias es fácil; pensar la verdad sin tener en cuenta las apariencias es laborioso, y requiere un uso de poder más grande que cualquier otro trabajo que el hombre esté llamado a realizar.

No hay ninguna labor —a la que la mayoría de la gente se retraiga—, como a la del pensamiento sostenido y consecutivo; es el trabajo más duro del mundo. Esto es especialmente cierto cuando la verdad es contraria a las apariencias. Toda apariencia en el mundo visible tiende a producir una forma correspondiente en la mente que la observa; y esto solamente puede evitarse manteniendo el pensamiento de la VERDAD.

Mirar la apariencia de la enfermedad producirá la forma de la enfermedad en tu propia mente, y en última instancia en tu cuerpo, a menos que mantengas el pensamiento de la verdad, que es que no hay enfermedad; es solo una apariencia, y la realidad es la salud.

Mirar las apariencias de la pobreza producirá formas correspondientes en tu propia mente, a menos que te aferres a la verdad de que no hay pobreza, sino abundancia.

Pensar en la salud cuando se está rodeado por las apariencias de la enfermedad, o pensar en la riqueza cuando se está en medio de las apariencias de la pobreza, requiere poder; pero quien adquiere este poder se convierte en una Mente Maestra. Puede conquistar el destino; puede tener lo que quiere.

Este poder solamente puede adquirirse si se capta el hecho básico que está detrás de todas las apariencias; y ese hecho es que hay una Sustancia Pensante, de la cual y por la cual están hechas todas las cosas.

Entonces debemos comprender la verdad de que, cada pensamiento sostenido en esta sustancia, se convierte en una forma, y que el hombre puede imprimir sus pensamientos en la misma, de tal manera que los haga tomar forma y convertirse en cosas visibles.

Cuando nos damos cuenta de esto, perdemos todas las dudas y el miedo, porque sabemos que podemos crear lo que deseamos; podemos obtener lo que buscamos, y podemos llegar a ser lo que queremos ser. Como primer paso para hacerse rico, debes creer en las tres afirmaciones fundamentales dadas anteriormente en este capítulo; y para enfatizarlas, las repito aquí:

Hay una materia pensante de la que están hechas todas las cosas y que, en su estado original, impregna, penetra y llena los intersticios del universo. Un pensamiento, en esta sustancia, produce la cosa que es imaginada por dicho pensamiento.El hombre puede formar cosas en su pensamiento, y, al imprimirlo en la sustancia sin forma, puede hacer que se cree la cosa visualizada.

Debes dejar de lado todos los demás conceptos del universo que no sean esta concepción monista; y debes insistir en esto hasta que esté fijado en tu mente y se haya convertido en tu pensamiento habitual. Lee una y otra vez estas declaraciones del credo; fija cada palabra en tu memoria y medita sobre ellas hasta que creas firmemente en lo que dicen. Si te surge una duda, deséchala como un pecado. No escuches argumentos en contra de esta idea; no vayas a congregaciones o conferencias donde se enseñe o predique un concepto contrario. No leas revistas o libros que enseñen una idea diferente; si te confundes en tu fe, todos tus esfuerzos serán en vano. No preguntes por qué estas cosas son así, ni especules sobre cómo pueden serlo; simplemente confía en ellas.

La ciencia de hacerse rico comienza con la aceptación absoluta de esta fe.

Capítulo 5

EL AUMENTO DE LA VIDA

Debes deshacerte del último vestigio de la vieja idea de que hay una fuerza superior cuyo deseo es que seas pobre, o cuyos propósitos pueden ser servidos manteniéndote en la pobreza.

La Sustancia Inteligente que es todo, y en todo, y que vive en todo y vive en ti, es una sustancia conscientemente viva. Al ser una sustancia conscientemente viva, debe tener el deseo natural e inherente de toda inteligencia viviente de aumentar la vida, y toda cosa viviente debe buscar ese propósito en el mero acto de vivir.

Una semilla que se deja caer en la tierra se pone en marcha y produce cien semillas más; la vida, se multiplica. Siempre se está convirtiendo en algo más.

La inteligencia está bajo esta misma necesidad de aumento continuo. Cada pensamiento es seguido de otro; y la conciencia se expande. Cada hecho que aprendemos nos lleva al aprendizaje de otro más; y el conocimiento aumenta.

Cada talento que cultivamos trae a la mente el deseo de cultivar otro; estamos sujetos al impulso de la vida, buscando la expresión, que siempre nos impulsa a saber más, a hacer más y a ser más.

Para saber más, hacer más y ser más, debemos, obviamente, tener más; debemos tener cosas para usar, porque aprendemos, hacemos y nos convertimos mediante el uso de las cosas. Debemos enriquecernos para poder vivir más.

El deseo de riqueza es simplemente la capacidad de una vida más grande que busca su realización; todo deseo es el esfuerzo de una posibilidad no expresada para entrar en acción. Es el poder que busca manifestarse. Es lo mismo que lo que hace crecer a la planta; es la vida, buscando una expresión más plena.

La Sustancia Viva Única debe estar sujeta a esta ley inherente a toda vida; está impregnada del deseo de vivir más; por eso está bajo la necesidad de crear cosas.

La Sustancia Única desea vivir más en ti; por eso quiere que tengas todas las cosas que puedas usar.

El deseo de Dios es que te enriquezcas física, mental y espiritualmente. Él quiere eso porque puede expresarse mejor a través de ti si tienes los medios para que eso se pueda desarrollar. Él puede vivir más en ti si tienes un dominio ilimitado de los recursos de la vida.

La naturaleza es compañera de tus planes. Todo puede ser útil para ti. Decídete a que esto sea cierto. Sin embargo, es esencial que tu propósito armonice con el propósito que hay en Todo.

Hay que querer la vida real, no el simple placer o la gratificación sensual. La vida es el desempeño de la función; y el individuo vive realmente cuando realiza todas las funciones, ya sean físicas, mentales y espirituales, de las que es capaz, sin excederse en ninguna.

No busques enriquecerte para vivir de forma despreocupada, para la gratificación de los deseos animales; eso no es vida. Pero la realización de toda función física forma parte de la vida, y no vive completamente quien niega a los impulsos del cuerpo una expresión normal y saludable.

No busques hacerte rico únicamente para disfrutar de los placeres mentales, para obtener conocimientos, para gratificar la ambición, para eclipsar a los demás, para ser famoso. Todo esto es una parte legítima de la vida, pero el hombre que vive para los placeres del intelecto solo tendrá una vida parcial, y nunca estará satisfecho con su suerte.

No busques enriquecerte solamente por el bien de los demás, perderte por la salvación de la humanidad, experimentar las alegrías de la filantropía y el sacrificio. Las alegrías del alma son una parte imprescindible de la vida; pero también hay nobleza y virtud en otras áreas de la misma.

Busca enriquecerte para poder comer, beber y alegrarte cuando sea el momento de hacer estas cosas; para poder rodearte de cosas bellas, ver tierras lejanas, alimentar tu mente y desarrollar tu intelecto; para poder amar a los hombres y hacer cosas bondadosas, y poder desempeñar un buen papel ayudando al mundo a encontrar la verdad.

Pero recuerda que el altruismo extremo no es mejor ni más noble que el egoísmo extremo; ambos son errores.

Dios no exige que te autoinmoles, ello no te asegura nada si no se hace con amor. Lo que quiere es que saques lo mejor de ti mismo, para ti y para los demás; y con ello puedes ayudar más a los demás que de cualquier otra manera.

Solo puedes sacar lo mejor de ti mismo enriqueciéndote; así que es justo y loable que dediques tu primer y mejor pensamiento a la labor de adquirir riqueza.

Recuerda, sin embargo, que el deseo de la Substancia es para todos, y sus movimientos deben ser dirigidos a mejorar la vida de todos; no se le puede hacer trabajar si eso hará que alguien sea perjudicado, porque él está igualmente en todos, buscando riquezas y más vida.

La Sustancia inteligente hará cosas para ti, pero no le quitará cosas a otro para dártelas a ti.

Debes deshacerte del pensamiento de la competencia. Estás para crear, no para competir por lo que ya está creado.

No hay que quitarle nada a nadie. No es necesario que te obsesiones con sacar beneficios ante la más mínima oportunidad. No tienes que engañar, ni aprovecharte; ni dejar que ningún hombre trabaje para ti por menos de lo que gana. No hay por qué codiciar la propiedad de los demás, ni mirarla con ojos de deseo; ningún hombre tiene nada de lo que tú no puedas tener lo mismo, y no hay que quitarle lo que tiene.

Vas a convertirte en un creador, no en un competidor; vas a obtener lo que quieres, pero de tal manera que cuando lo consigas, todos los demás hombres tendrán más de lo que tienen ahora. Soy consciente de que hay hombres que obtienen una gran cantidad de dinero procediendo en directa oposición a las afirmaciones del párrafo anterior, y puedo añadir aquí una explicación a ello.

Los hombres del tipo plutocrático, que llegan a

ser muy ricos, lo hacen a veces puramente por su extraordinaria habilidad en el plano de la competencia; y a veces se relacionan inconscientemente con la Sustancia en sus grandes propósitos y movimientos para la edificación racial general a través de la evolución industrial. Rockefeller, Carnegie, Morgan y otros, han sido los agentes inconscientes de lo Supremo en el necesario trabajo de sistematizar y organizar la industria productiva; y al final, su trabajo contribuirá inmensamente a aumentar la vida para todos. Su día está a punto de terminar; han organizado la producción, y pronto los relevarán los agentes de la multitud, que pondrán en marcha la maquinaria de la distribución.

Los multimillonarios son como los reptiles monstruosos de las épocas prehistóricas; juegan un papel necesario en el proceso evolutivo, pero el mismo Poder que los produjo los cesará. Y es bueno tener en cuenta que, nunca han sido realmente ricos; un registro de la vida privada de la mayoría de esta clase mostrará que, realmente, han sido de los más abyectos y miserables.

Las riquezas obtenidas en el plano competitivo nunca son satisfactorias y permanentes; hoy son tuyas y mañana de otro. Recuerda que si quieres enriquecerte de una manera comprobada y segura, debes salir por completo del pensamiento competitivo. No debes pensar ni por un momento que la oferta es limitada. Tan pronto como empieces a pensar que todo el dinero está siendo «acorralado» y controlado por los banqueros o similares, y que debes esforzarte para conseguir que se aprueben leyes que detengan este proceso, entre otras ideas o acciones de ese tipo; en ese momento es   q u e caes en la mente competitiva, y tu poder para provocar la creación desaparece temporalmente; y lo que es peor, probablemente detendrás los movimientos creativos que ya has instituido.

Debes saber que hay oro, valuado en miles de millones de dólares, en las montañas de la tierra, todavía no sacado a la luz; y que si no lo hubiera, se crearía más de la Sustancia Pensante para suplir sus necesidades.

El dinero que necesita, vendrá; aunque sea necesario que mañana, mil hombres sean conducidos al descubrimiento de nuevas minas de oro.

Nunca mires el suministro visible; mira siempre las riquezas ilimitadas en la Sustancia sin Forma, y recuerda que están llegando a ti tan rápido como puedas recibirlas y utilizarlas.

Nadie, puede impedir que obtengas lo que es tuyo. Así que, no te permitas pensar, ni por un instante, que, si no te das prisa, todos los mejores lugares para construir estarán ocupados antes de que te prepares para edificar tu casa. Nunca te preocupes por los fideicomisos y las empresas, ni te angusties por temor a que pronto lleguen a poseer toda la tierra. Nunca tengas miedo de perder lo que quieres porque otra persona «te gane». Eso no puede suceder; no estás buscando nada que posea otra persona; estás haciendo que lo que quieres, sea creado a partir de la Sustancia sin Forma, y el suministro es ilimitado. Apégate a la afirmación formulada:

«Hay una materia pensante de la que están hechas todas las cosas y que, en su estado original, impregna, penetra y llena los intersticios del universo.

»Un pensamiento, en esta sustancia, produce la cosa que es imaginada por dicho pensamiento.

»El hombre puede formar cosas en su pensamiento, y, al imprimirlo en la sustancia sin forma, puede hacer que se cree la cosa visualizada».

Si disfrutaste estos capítulos
de *La ciencia de hacerse rico*,
te invitamos a obtener el libro
completo utilizando el siguiente
código.

Made in the USA
Columbia, SC
24 July 2024

70bfc8ed-e65c-4d3c-addf-7a7fd6586226R01